처음 배우는
오트쿠튀르 자수

마피아싱글하우스

오
트
쿠
튀
르

자
수
란

오트쿠튀르 자수는 비즈, 스팽글(시퀀스) 등 수많은 장식물을 사용해 호화스럽고 자유로이 아름답게 수놓는 기법입니다. 특수 바늘인 코바늘처럼 생긴 크로셰를 사용하는 뤼네빌(lunéville)자수와 양재용 바늘, 자수 바늘, 비즈 바늘을 사용하는 만토즈(mainteuse) 자수, 주로 이 두가지 기법을 사용합니다.

천의 뒷면에서 수놓는 뤼네빌 자수는 1800년대 프랑스 뤼네빌 지방에서 시작됐습니다. 비즈 자수 기술은 크로셰의 등장으로 바늘에 비즈를 1알씩 꿰어 수놓는 기술에서 실에 꿴 비즈를 크로셰로 수놓아 고정하는 기술로 진화해 더욱 빠르고 광범위한 자수를 가능케 했습니다. 그와 함께 세계적으로 유명한 메종의 이념을 뒷받침하는 고도의 기교로 발전했습니다.

'Lesson 1'에서는 초보자들을 위한 첫걸음으로, 오트쿠튀르 자수계를 이끄는 유일무이한 존재, 렘밋코(Lemmikko)의 아틀리에에서 진행하는 만토즈 자수를 배워봅니다. 그리고 'Lesson 2'에서는 한층 더 오트쿠튀르 자수를 즐기고 싶은 분들을 위해 '필로사 미나미(Filosa Minami)'·'코토하(Cotoha)'·'시렌(Sirène)' 같은 인기 작가들의 다양한 작품을 만드는 방법을 소개합니다.

초보자뿐만 아니라 자수 경험이 있는 분들도 이용할 수 있는 자료 모음집이자 오트쿠튀르 자수의 아름다움에 흠뻑 빠져들 수 있는 책이므로 맘껏 즐겨 주시면 좋겠습니다(이 책에서는 실의 종류와 메이커, 바늘의 호수 등 특정 지침을 표기하지 않은 부분이 있습니다. 구하기 쉬운 재료와 도구를 사용하세요).

'비즈를 꿰어 수놓기'의 반복

오트쿠튀르 자수는 '비즈나 스팽글(시퀀스)을 실에 꿰어 원단에 수놓기'의 심플한 작업이 축적된 결과물입니다.
정신이 아뜩할 정도로 엄청난 바늘 끝의 움직임으로 사람을 매료시키는 자수가 탄생합니다.

대담함과 섬세함의 표현

비즈와 스팽글(시퀀스)로 빈틈없이 채워진 드레스, 살아 움직일 것 같은 입체적인 동식물, 가늘고 섬세한 라인 모두 오트쿠튀르 자수입니다. 그림을 그리듯 다양하게 표현해 보세요.

자유롭고 가벼운 발상의 구현

오트쿠튀르 자수에는 규칙이 따로 없습니다. 우드 칩이나 금속 장식을 사용할 수도 있고, 가죽이나 코르크에 수놓기도 가능합니다. 자유롭게 가벼운 발상으로 창의력을 펼쳐 보세요.

목차

(p.4, 5는 Sirène 작품, p.2, 6～9는 Lemmikko 작품)

오트쿠튀르 자수 준비물

오트쿠튀르 자수에 필요한 재료와 도구입니다.
만들고 싶은 작품에 필요한 도구부터 우선 갖춘 후, 조금씩 늘려가는 것을 추천합니다.

재료 예시

ⓐ 스팽글(시퀀스)
ⓑ 스톤
ⓒ 실에 꿰어 놓은 스팽글(시퀀스)
ⓓ 금속 장식·부자재·파츠
ⓔ 비즈실

ⓕ 비즈·실에 꿰어 놓은 비즈
ⓖ 셔닐실
ⓗ 자수실
ⓘ 리본

도구 예시

Ⓐ 수틀(양손을 사용할 수 있는 고정 가능한 것)
Ⓑ 자수 바늘
Ⓒ 뤼네빌 크로셰(뤼네빌 자수용)
Ⓓ 양면 테이프
Ⓔ 초크 페이퍼(수성 먹지)
Ⓕ 트레이싱 페이퍼
Ⓖ 초크펜

Ⓗ 평집게
Ⓘ 가위
Ⓙ 수예용 수성펜(청화펜)
Ⓚ 비즈 바늘
Ⓛ 목공용 본드
Ⓜ 가죽 · 패브릭용 본드

Lesson 1

Lemmikko 오트쿠튀르 아틀리에에서 배우는

만토즈 기법
오트쿠튀르 자수

모든 가정에나 있는 손바느질용 바늘을 사용하여 반할 만큼 아름다운 자수를 놓아 봅시다. 도안 그대로 수놓기보다 자유롭게 변형해 보는 것도 오트쿠튀르 자수의 즐거움 중 하나입니다. Lemmikko 아틀리에의 시바타 작가에게서 최고의 기술과 아이디어를 배워볼까요?
(사진은 Lemmikko 아틀리에 사진)

○ 도안 옮기기

먼저 도안을 수놓을 천에 그립니다. 대부분 오간자 같이 비치는 천을 사용하지만, 바늘만 들어간다면 어떤 천이라도 자수에 사용할 수 있습니다.

오간자와 같이 비치는 원단을 도안 위에 포개놓고 연필이나 초크펜으로 도안을 베껴 그립니다.

POINT

비치지 않는 원단을 사용할 경우, 수 놓을 원단(앞) → 초크 페이퍼(초크 면이 아래로) → 도안의 순서로 겹쳐 연필이나 볼펜으로 베껴 그립니다.

○ 수틀 준비

원단이 밀리거나 손상되는 것을 방지하기 위해 안쪽 자수틀 테두리에 패브릭 테이프를 감습니다.

1 패브릭 테이프의 끝을 손가락으로 누르며 감기 시작합니다.

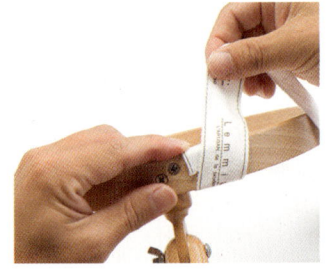

2 패브릭 테이프로 감기 시작한 부분이 고정되면 손가락을 떼어 냅니다.

3 패브릭 테이프 폭의 반 정도씩 겹치며 비스듬히 감습니다.

4 한 바퀴 다 감은 지점에서 패브릭 테이프를 자릅니다.

5 패브릭 테이프 끝부분에 셀로판테이프를 붙입니다.

6 셀로판테이프가 틀 안쪽으로 오도록 고정합니다.

○ 수틀에 원단 끼우기

수놓기 쉽게, 원단을 주름지지 않게 팽팽하게 끼웁니다.
원단이 느슨해지면, 수놓는 도중이라도 다시 팽팽하게 조여줍니다.

1 — 바깥쪽 수틀 위에 원단 뒷면이 위로 향하게 도안이 자수틀 중심에 오도록 천을 놓습니다.

2 — 그 위에 패브릭 테이프로 감은 안쪽 자수틀을 포개어 놓습니다.

3 — 양손을 사용하여 안쪽 틀을 밀어 넣습니다.

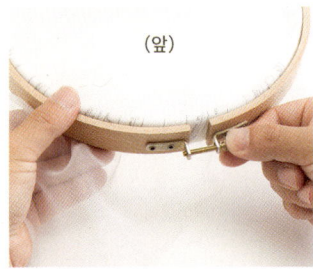

4 — 바깥쪽 수틀의 금속 고정 나사가 돌지 않을 때까지 꽉 조여줍니다.

5 — 원단에 주름이 생기지 않도록 남은 원단 부분을 팽팽하게 잡아 당깁니다.

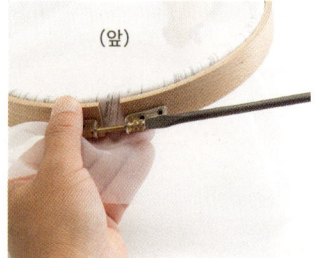

6 — 마지막으로 드라이버를 사용해 바깥쪽 틀을 조여줍니다.

○ 수틀 고정하기

비즈 자수는, 수틀을 고정하여 양손을 사용합니다.
고정 방향을 변경 가능한 타입을 선택하면, 자세와 장소를 바꿀 수 있어서 편리합니다.

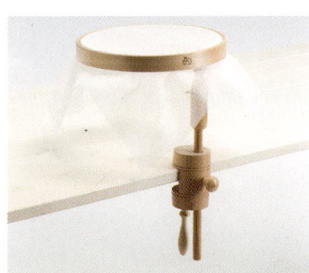

책상과 수평으로 고정하는 경우.

각도를 고려해보면, 의자 팔걸이에도 고정할 수도 있습니다.

○ 바늘에 대해

Lesson 1에서 소개할 오트쿠튀르 자수는,
어느 가정에나 있는 손바느질 바늘(크루엘 자수 바늘)을 사용합니다.
Lesson 2에서는 손바느질 바늘 외에 비즈 바늘 등 각 작가가 추천하는 바늘을 소개하고 있습니다.
재료나 작품의 특징에 따라 사용하기 쉬운 바늘을 사용하세요.

○ 실 준비

비즈를 끼워 수를 놓을 경우, 실은 반드시 두 가닥을 사용합니다. 실의 길이는 「팔꿈치 까지의 팔 길이」정도로 기준으로 합니다.

셔닐실의 경우, 털실용 바늘귀가 큰 셔닐 바늘로 실을 한 가닥 사용하여 수를 놓습니다.

POINT

셔닐실의 경우, 실을 잡아 뽑아서 씨실만 내어 바늘 구멍에 끼워 사용하는 방법 (p.60) 도 있는데 셔닐 바늘에 그대로 끼워 사용하는 방법만으로도 OK.

○ 자수 시작(실 정리 방법)

자수의 시작과 끝에는 실이 풀려 빠지지 않도록 반드시 다음과 같은 마무리 처리를 합니다.
자수의 시작과 끝은 보이지 않게 숨겨 마무리합니다.
수를 놓기 전, 1~4번 과정을 한 후 자수를 시작합니다.

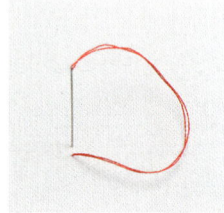

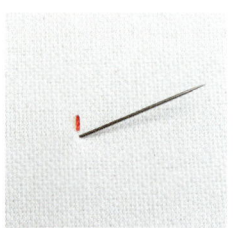

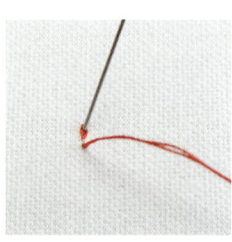

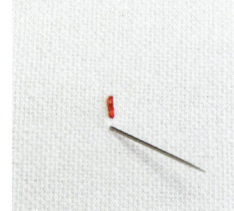

1 매듭지은 실을 빼내 약 1mm 정도 앞쪽에 꽂습니다.

2 1의 근처에서 다시 바늘을 빼냅니다.

3 1의 한 땀 놓은 실 사이로 바늘을 꽂아 넣습니다.

4 여기에서부터 수를 놓기 시작합니다.

※ 만드는 방법 설명 페이지에서는 이해하기 쉽도록 빨간색 실을 사용하고 있습니다.

○ 자수 놓는 법

비즈 자수는, 비즈를 꿰매 고정하면서 수를 놓습니다.
비즈나 스팽글(시퀀스)을 바늘에 꿰어 수놓는 것을 제외하고는 일반 자수 방법과 동일합니다.

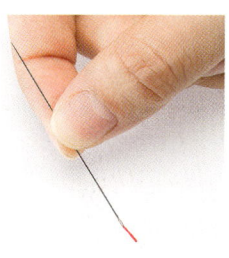 

1 원단의 뒷면에서 앞면으로 바늘을 빼냅니다.

2 바늘에 비즈를 끼웁니다.

3 자수를 놓고 싶은 방향을 향해 바늘을 꽂아 넣습니다.

○ 자수 마무리 (실 정리 방법)

수놓기가 끝나면, 끝부분을 정리하여 마무리합니다.
p.16 「자수 시작」과 같은 방법으로 *1~4* 과정을 통해
다음과 같이 자수를 완성합니다.

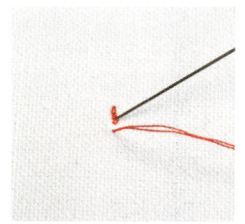 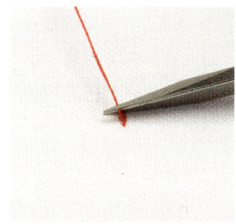 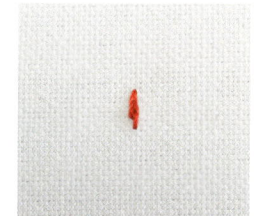

1 다시 한번, 「자수 시작」의 *3*처럼 한 땀 놓은 실 사이로 바늘을 꽂아 넣습니다.

2 원단 뒤로 나온 실 끝부분을 바짝 붙여 자릅니다.

3 완성. 여기에서는 이해하기 쉽게 크게 마무리 처리하였습니다.

POINT

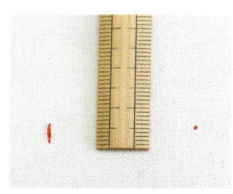

이번 마무리는 왼쪽 모습. 오른쪽처럼 작게 하면, 본체에 영향을 주지 않고 마무리 지을 수 있습니다.

01

펠트를 자유롭게 겹쳐 귀엽게 표현

폼폼 국화

pom pom mum

[도안 p.114 / 완성 사이즈 약 18cm(세로)×10.5cm (가로)]

2mm폭 펠트
(회색)

마름모형 비즈
(검정 무광)

마름모형 비즈
(회색)

셔닐실
(진회색)

손바느질 실 (회색)

Material | 재료

[줄기]
셔닐실 (진회색) ·························· 50 cm
손바느질 실(회색)·························· 1개

[꽃]
2mm폭 펠트(회색) ······················ 1.8 m
마름모형 비즈(회색)························ 35개
마름모형 비즈(검정 무광) ··············· 50개

※ 자수 원단의 크기는 28cm×21cm 이상이어야 한다.

[도구]
수틀
셔닐 바늘(셔닐실 用)
자수 바늘 (크루엘 9호)
연필 또는 초크펜
자
가위

털이 긴 셔닐실을 손바느질로
단단히 고정해 줄기의 마디를
표현합니다. 셔닐실의 따뜻한
질감이 심플한 꽃을 더욱 돋보
이게 합니다.

01 폼폼 국화

1 셔닐 바늘에 셔닐실을 꿰어, 원단 뒷면에 2cm 남긴 후 도 안의 줄기 뿌리 부분부터 바 늘을 빼냅니다.

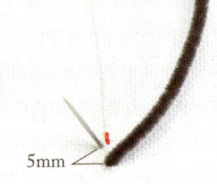

2 손바느질 실을 바늘에 꿰어, 뿌리에서부터 5mm 떨어진 부분에 셔닐실에 가려지도록 숨겨 자수 시작 방법(p.16)으 로 실 끝 정리를 합니다.

3 셔닐실보다 좁은 폭으로 실을 위로 올려 반대쪽으로 바늘을 꽂아 넣습니다. 다음 바늘을 빼낼 때 뒷면에 2cm 남긴 셔 닐실 끝을 고정합니다. (*9*의 사진 참조)

4 줄기 윗부분에 셔닐 바늘을 꽂아 넣은 후, 원단 뒷면에 남 은 셔닐실을 바느질 방향으로 접어 구부립니다.

5 원단 뒷면에 구부린 셔닐실을 고정하기 위해 마지막 실을 빼냅니다.

6 셔닐실을 약간 비켜 놓고, 셔 닐실이 원래 위치로 돌아와도 숨겨지는 위치에서 자수 마무 리 실 정리(p.17)를 합니다.

7 줄기 부분 완성. 셔닐실의 폭 보다 좁게 바느질했기 때문에 잘록하게 표현되었습니다.

〈원단 뒷면〉

8 원단을 뒤집어 셔닐실을 2cm 남기고 가위로 자릅니다.

〈원단 뒷면〉

9 셔닐실 끝부분이 고정되어 있 습니다. *3* 의 자수 시작 마무 리 방법과 동일하게 합니다.

10 2mm 폭으로 만든 펠트 줄을 1cm 길이로 자릅니다. 꽃 부 분은 펠트 줄을 세 겹으로 수 놓습니다.

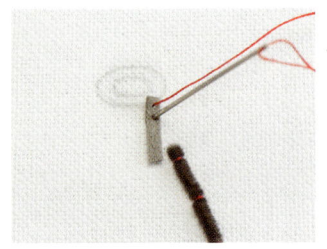

11 도안에 있는 이중 원의 바깥 원 부분에 펠트의 끝부분이 오도록 바늘을 꽂아 바느질합 니다.

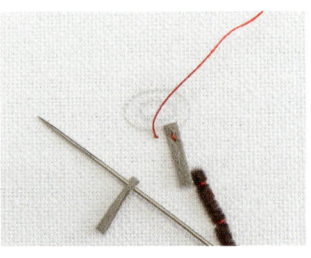

12 바깥 원으로부터 1mm 바깥 으로 바늘을 빼낸 후 펠트에 바늘을 꽂아 바느질합니다.

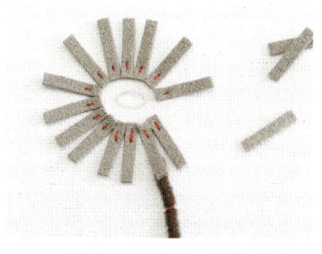

13 바깥쪽 원에 바느질한 모습.

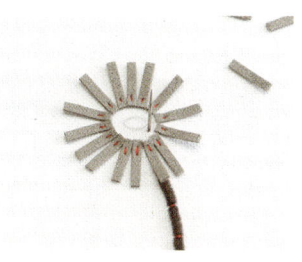

14 바깥쪽과 안쪽 원 사이 중간으로 바늘을 빼낸 후, 두 바퀴째 펠트를 바느질합니다.

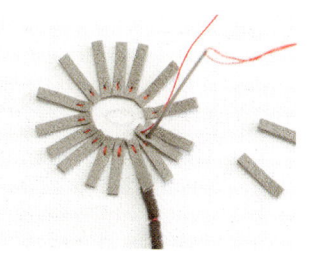

15 첫 둘레에 바느질한 펠트에 겹쳐 바느질합니다. 겹치는 방법은 자유롭게 합니다.

16 같은 방법으로 안쪽 원을 따라 세 번째 둘레 바느질을 합니다. 바느질이 끝나면 보이지 않는 위치에 매듭을 짓습니다.

꽃술

17 중심 원 바깥쪽에 회색 마름모형 비즈로 수를 놓습니다. 펠트 바느질한 안쪽 원에서부터 바늘을 빼냅니다.

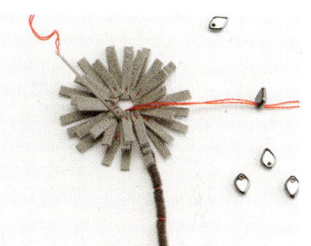

18 비즈를 꿰어 원 바깥쪽으로 나가 바늘로 꽂아 넣습니다. 이때 펠트 위로 바늘을 꽂아 넣어도 OK.

19 1개의 비즈를 수놓았습니다.

20 마찬가지로, 꽃술 바깥쪽으로 한 바퀴 수를 놓습니다.

21 검정 무광 마름모형 비즈를 원 중심에 불규칙적으로 자유롭게 수를 놓습니다.

22 폼폼 국화 완성. 꽃잎과 꽃술을 가지런히 정돈하지 않는 편이 개성을 더욱 돋보일 수 있습니다.

POINT

• 수놓는 중간에 실이 부족하면, 빈 땀(비즈를 꿰지 않고 실로만 놓는 땀)을 놓아 마무리하고, 새 실로 다시 수를 놓기 시작하세요.

— Lesson 1 by Lemmikko —

열선 커터로 거칠게 잘
라 가장자리를 정리한
오간자 꽃잎을 입체적
으로 마무리해 깊이감
을 나타냅니다.

02

오간자로 만드는 요염하고 아름다운 양귀비

양귀비

poppy

[도안 p.115 / 완성 사이즈 약 17.5cm (세로) × 9cm (가로)]

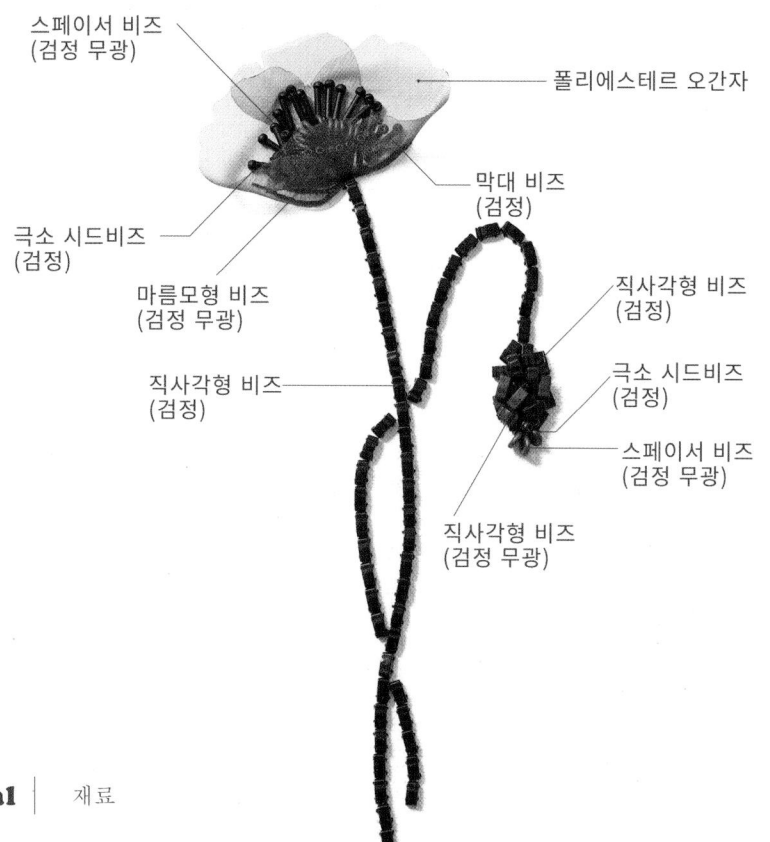

스페이서 비즈
(검정 무광)

폴리에스테르 오간자

극소 시드비즈
(검정)

막대 비즈
(검정)

마름모형 비즈
(검정 무광)

직사각형 비즈
(검정)

극소 시드비즈
(검정)

직사각형 비즈
(검정)

스페이서 비즈
(검정 무광)

직사각형 비즈
(검정 무광)

— Lesson 1 by Lemmikko —

Material │ 재료

[줄기]
직사각형 비즈 (검정 무광) ·························· 54 개

[꽃]
폴리에스테르 오간자 (10cm×15cm·검정) ······· 1 장
마름모형 비즈 (검정 무광) ························· 1 알
스페이서 비즈 (검정 무광)························ 13 알
막대 비즈 (검정) ······························· 26 개
극소 시드비즈 (검정)···························· 26 알

[기타]
손바느질 실 (검정) ····························· 1 개

[꽃봉오리]
직사각형 비즈 (검정) ···························· 9 개
직사각형 비즈 (검정 무광) ······················· 6 개
스페이서 비즈 (검정 무광)······················· 3 개
극소 시드비즈 (검정) ···························· 3 알
※ 자수 원단의 크기는 28cm×19cm 이상이어야
한다.

[도구]
수틀
자수 바늘 (크루엘 9호)
초크펜 (검정 오간자에 잘 보이는 색상)
가위
열선 커터

02 양귀비

줄기

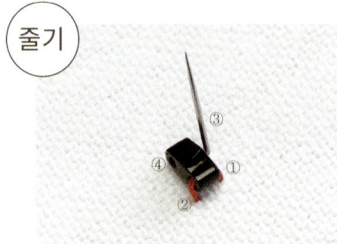

1 줄기 뿌리 쪽부터 ①·②·③·④순서로 직사각형 비즈를 바늘로 원단에 꽂아 꿰맵니다.

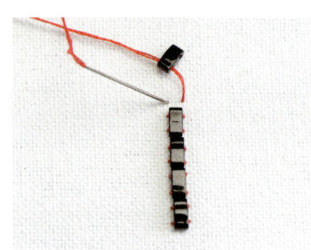

2 도안의 선에 맞춰 수를 놓습니다. 이때 비즈 폭의 길이에 정확히 맞게 바늘을 꽂아 넣습니다.

3 도안의 활짝 핀 꽃 부분까지 수를 놓습니다. 꽃봉오리 부분도 줄기 부분을 같은 방법으로 수를 놓습니다.

꽃

4 꽃잎 3장의 도안을 오간자에 그립니다.

5 도안에 따라 열선 커터로 오간자를 자릅니다. 이때 흰 종이 위에서 작업하면 도안이 잘 보입니다.

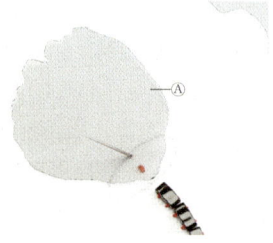

6 사진과 같은 위치에 바늘을 넣어 시작 마무리를 지은 후, Ⓐ 꽃잎을 줄기 윗부분 중심에 놓습니다. 선 위로 바늘을 빼내 중심 쪽으로 넣습니다.

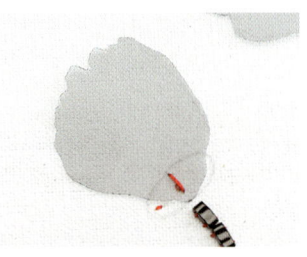

7 Ⓐ꽃잎을 고정한 후 Ⓑ꽃잎을 수놓을 곳에 작게 한 땀 수를 놓습니다.

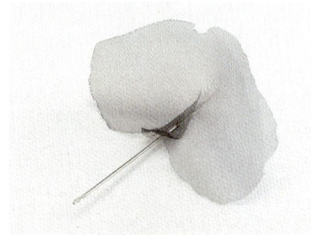

8 Ⓑ꽃잎이 입체적으로 보이도록, 중앙에 주름을 잡아 턱을 만듭니다.

9 Ⓑ꽃잎을 Ⓐ꽃잎 왼쪽에 고정합니다. 원 선 위로 바늘을 빼내어 *8*에서 만든 주름이 고정되도록 중심 쪽으로 꽂아 넣습니다.

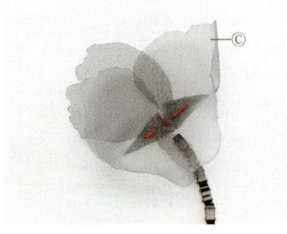

10 Ⓒ꽃잎 중심에도 주름을 잡아턱을 만들고, 마찬가지로 오른쪽에 바늘을 꽂아 고정합니다.

11 Ⓑ꽃잎의 주름 아래로 바늘을 빼냅니다.

12 박음질로 Ⓑ꽃잎을 고정합니다.

13 꽃잎에 입체감을 주기 위해, 약간의 곡선을 그리면서 오간 자 안쪽을 박음질합니다.

14 ⓒ꽃잎은 ⓑ꽃잎 안쪽에 들어 가도록 입체적으로 꿰매어 고 정합니다. 보이기 쉽게 꽃잎을 열어둔 모습.

실제로는 이렇게 꽃잎이 일 어서서 바느질이 가려집니다.

꽃술 이해하기 쉽도록 꽃잎을 떼어 냈습니다.

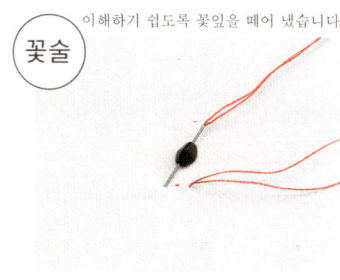

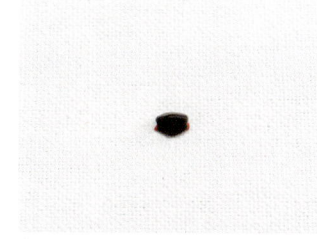

15 꽃 중심 부분에 시작 마무리 를 짓고, 검정 무광의 마름모 형 비즈를 꽃잎 중심에 꿰매 어 고정합니다.

16 마름모형 비즈를 달았습니다.

17 마름모형 비즈 윗부분에 스페 이서 비즈를 수놓습니다. 마름 모형 비즈 가장자리에서 바늘 을 빼내, 스페이서 비즈 2개를 꿰어 바늘을 넣습니다.

18 17에서 바늘을 빼낸 곳으로 다시 바늘을 빼내 한 번 더, 비 즈에 바늘에 넣습니다.

19 그대로 스페이서 비즈 4개를 바늘에 꿰어, 비즈 4개만큼의 위치에 바늘을 넣습니다.

20 17에서 바늘을 꽂아 넣은 위 치로 다시 바늘을 빼냅니다.

21 한 번 더 스페이서 비즈 4개 를 바늘에 꿰어 넣고, 다음 스 페이서 비즈를 바늘에 꿰어 넣습니다.

22 마찬가지로 2~4개씩, 마름모 형 비즈의 윗부분에 스페이서 비즈를 꿰매어 고정합니다.

23 22의 주변으로 수꽃술을 수놓 습니다. 스페이서 비즈의 바깥 쪽으로 바늘을 빼내 막대 비즈 →극소 시드 비즈 순서로 바 늘에 꿰어 넣습니다.

02 양귀비

24　수꽃술 1개를 수놓은 모습. 이 것을 반복하여 방사형으로 수 를 놓습니다.

25　수꽃술 수놓기 끝. 이때 비규 칙적으로 겹치게 하거나, 비 스듬하게 자유로운 방법으로 수를 놓습니다.

26　다음은 마름모형 비즈 아래쪽 을 입체적으로 수를 놓습니 다. 막대 비즈→극소 시드 비 즈 순서로 바늘에 꿰고, 다시 돌아와 막대 비즈로 바늘을 통과시킵니다.

27　실을 당기면 막대 비즈가 세 워져, 입체적인 수꽃술이 만 들어집니다.

28　이를 반복해서, 마름모꼴 비 즈 아래쪽에 10개의 암꽃술 을 수놓습니다. 이때도 수꽃 술을 자유롭게 수놓습니다.

29　꽃술을 꽃잎 중앙에 수를 놓 으면, 이렇게 양귀비꽃 완성.

꽃 봉오리

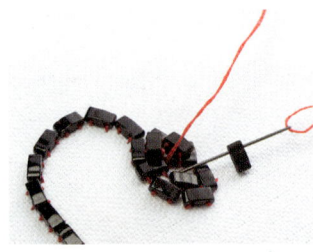

30　도안의 꽃봉오리 부분에 검정 직사각형 비즈를 방향이 같지 않도록 주의해서 랜덤으로 수 를 놓습니다.

31　봉오리 바탕 수놓기.

32　31의 위에 검정 무광 직사각 형 비즈를 랜덤으로 겹쳐 수 를 놓습니다.

33　봉오리 부분 수놓기. 이때 바탕 부분의 비즈(9개) 보다 위에 있는 비즈(6개)의 수량이 적어야 합니다.

34　봉오리의 가장자리에 스페이 서 비즈로 장식합니다. 바늘 에 비즈 3개를 꿰어 사진처럼 바늘을 꽂아 넣습니다.

35　봉오리 가장자리에 스페이서 비즈 수놓기.

36 봉오리와 스페이서 비즈 사이에, 극소 시드 비즈 3알을 가로질러 수를 놓습니다.

37 극소 시드 비즈를 꿰매 고정한 모습.

38 봉오리 부분 완성.

○ 랜덤 자수 테크닉

비즈로 모양을 만들거나 채우는 아래로 감기(p.36)의 기술입니다.

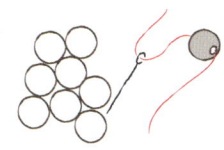

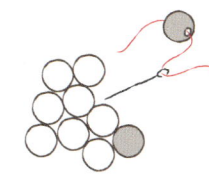

1 박음질해 다양한 각도로 비즈를 수놓습니다.

2 비즈의 방향이 불규칙하게 되도록, 자유롭게 수놓습니다.

○ 스팽글(시퀀스) 랜덤 자수

스팽글(시퀀스)로 모양을 만들거나 채우는 기술입니다.

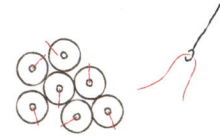

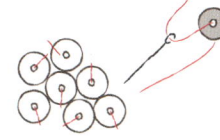

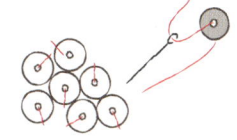

1 스팽글(시퀀스)의 지름 정도의 위치에 바늘을 빼냅니다.

2 스팽글(시퀀스)을 바늘에 꿰고 반지름 정도의 위치에 바늘을 넣어 스팽글(시퀀스)을 고정합니다.

3 *1*과 *2*를 반복하며 여러 방향으로 스팽글(시퀀스)을 자유롭게 수놓습니다.

○ 여러 가지 랜덤 자수

조밀하게 수놓았을 때

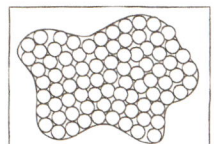

공간을 비우면서 수놓았을 때

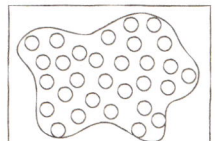

그라데이션으로 수놓았을 때

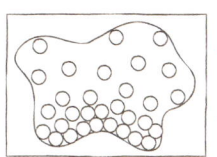

저
↕
밀도
고

03

메탈 비즈와 비닐 튜브로 매니시한 꽃을

미모사
mimosa

[도안 p.116 / 완성 사이즈 약 19cm (세로) × 10cm (가로)]

라운드 탑홀 메탈 비즈
(小·은색)

스페이서 비즈
(은색)

라운드 탑홀 스팽글 (은색)

3mm폭
평비닐 튜브(검정색)

라운드 탑홀 메탈 비즈
(大·은색)

Material | 재료

[잎·줄기]
  3mm폭 평비닐 튜브(검정색) ························· 2m

[꽃]
  스페이서 비즈 (은색) ····························100 개
  라운드 탑홀 스팽글 (은색) ·····················230 개
  라운드 탑홀 메탈 비즈 (大·은색) ···············20 개
  라운드 탑홀 메탈 비즈 (小·은색) ···············40 개

[기타]
  손바느질 실 (회색) ···························· 1개
  손바느질 실 (검정색) ························· 1개
  ※ 자수 원단은 29cm×20cm 이상이어야 한다.

[도구]
  수틀
  자수 바늘 (크루엘 9호)
  연필 또는 초크펜
  자
  펜치
  가위

생활용품점에서도 구할 수 있는 비닐 튜브를 사용한 유니크한 미모사. 코드의 광택과 메탈 비즈의 반짝임으로 매니시한 분위기 연출해보세요.

03 미모사

잎

1 평비닐 튜브를 1cm 길이로 잘라 100개 준비합니다. 잎은 끝에서 한쪽씩 꿰매어 고정합니다.

2 보이지 않는 위치에 시작 실 정리를 하고, 잎의 끝부분에서 바늘을 빼내 비닐 튜브를 꿰어 잎의 중간 라인에 꽂아 넣습니다.

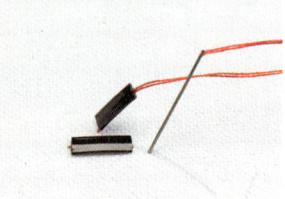

3 첫 번째 잎의 중앙 옆으로 바늘을 빼내, 비닐 튜브를 꿰어 잎의 도안 중심선에 바늘을 꽂아 넣습니다.

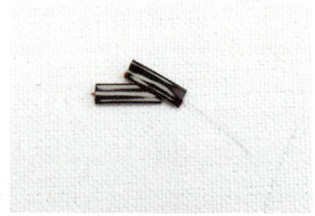

4 이렇게 바늘을 넣는 위치를 잎의 중심선에 맞추면, 비닐 튜브가 조금씩 겹쳐집니다.

5 같은 방법으로 비닐 튜브를 꿰매 오른쪽 잎을 수놓습니다. 반 정도 바느질이 되었으면 ☆ 근처에 빈 스티치를 놓습니다.

6 왼쪽 잎에도 비닐 튜브를 수놓습니다. 바늘을 꽂아 넣는 위치를 중심선에 맞추면, 코드의 안쪽끼리 겹쳐져 예쁜 V자형이 됩니다.

7 잎 완성. 비닐 튜브의 개수를 조절하여 잎의 크기를 바꿀 수 있습니다.

줄기

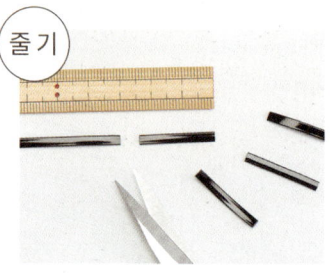

8 줄기용 비닐 튜브를 자릅니다. 2.5cm의 길이 13개, 2 cm・1.8cm・1.5cm 길이 1개씩 준비합니다.

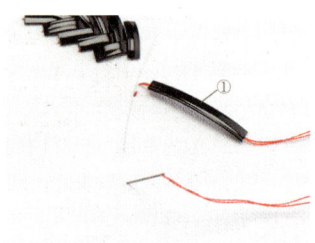

9 줄기 뿌리로부터 2.5cm 위의 위치에 시작 실 정리를 합니다. 근처에서 바늘을 빼내 2.5cm 튜브①을 꿰어 도안의 뿌리 쪽에 꽂아 넣습니다.

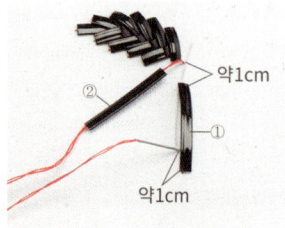

10 튜브①의 약 1cm 앞 도안의 선으로 바늘을 빼내, 2.5cm 튜브②를 꿰어 뿌리로부터 약 1cm 위쪽에 꽂아 넣습니다.

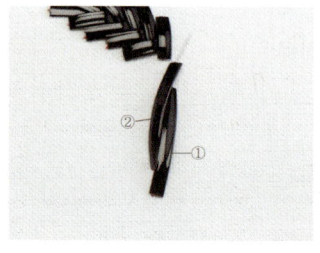

11 2.5cm 튜브를 2개 수놓은 모습. 수놓기를 반복하여 튜브를 꿰매어 고정합니다.

12 줄기 부분은 도안의 선에 맞춰 수놓습니다. 튜브에 바늘을 끼우기 어려운 경우에는 펜치를 사용해 빼냅니다.

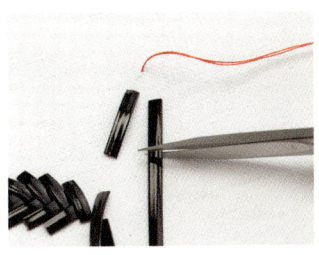

13 줄기 끝은 튜브가 서서히 짧아지
도록 2cm・1.8cm・1.5cm 순서
로 수놓습니다.

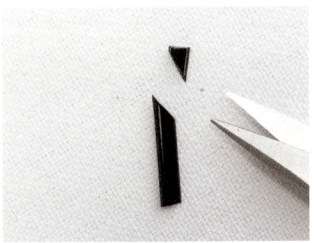

14 1.5cm 튜브는 끝을 비스듬하
게 자릅니다.

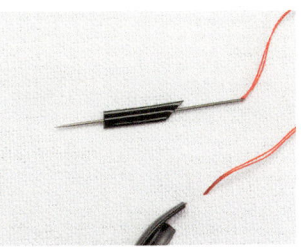

15 1.5cm 튜브의 비스듬하게 자
른 쪽으로 바늘을 넣고, 도안의
선에 맞춰 꽂아 넣습니다.

16 잎과 줄기 부분 완성.
꽃을 고정하는 위치는 1cm 정
도 비워 놓습니다.
(간격의 정도는 취향에 따라
OK)

17 시작 실 정리 후, 바늘에 스페이서
비즈와 스팽글(시퀀스), 크고 작은
메탈 비즈를 자유롭게 꿰어 수놓
습니다. 순서와 개수가 정해진 것
은 없지만 양 끝에는 반드시 스페
이서 비즈를 끼워야 합니다.

18 실을 잡아당긴 모습.
*17*에서 바늘을 꽂아 넣을 때
바늘을 빼낸 위치 근처로 꽂아
넣으면, 각 비즈가 펼쳐져 화려
해집니다.

19 펼쳐진 스팽글(시퀀스)을 정리하
기 위해, 스팽글을 고정한 실에
직각이 되게 실을 넘겨 바느질한
다. 이것을 「분할」이라고 한다.

20 이렇게 분할을 넣습니다.
횟수나 위치에 정해진 것은 없
습니다.

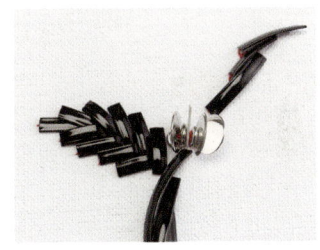

21 분할 과정을 넣으면, 스팽글(시
퀀스)이 너무 벌어지지 않고
깔끔하게 완성됩니다.

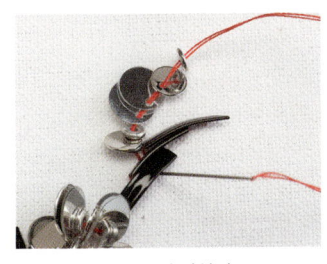

22 꽃은 튜브에 겹쳐져도 OK.
위로 갈수록 비즈 다발이 작아
지도록, 스팽글(시퀀스)과 메탈
비즈의 수와 크기를 바꿉니다.

23 도안을 참고해 미모사를 완성
합니다.

원모 울 실로 가지에 맞추어 거칠
고, 대담하게 메탈릭 블랙 실버 실
로 고정해 나갑니다. 가지의 거친
느낌과 스팽글로 만든 섬세한 꽃
의 대비가 아름다운 작품입니다.

04

거칠고 생동감이 느껴지는 가지의 표현이 포인트

목련

magnolia

[도안 p.117 / 완성 사이즈 약 15cm(세로)×18cm(가로)]

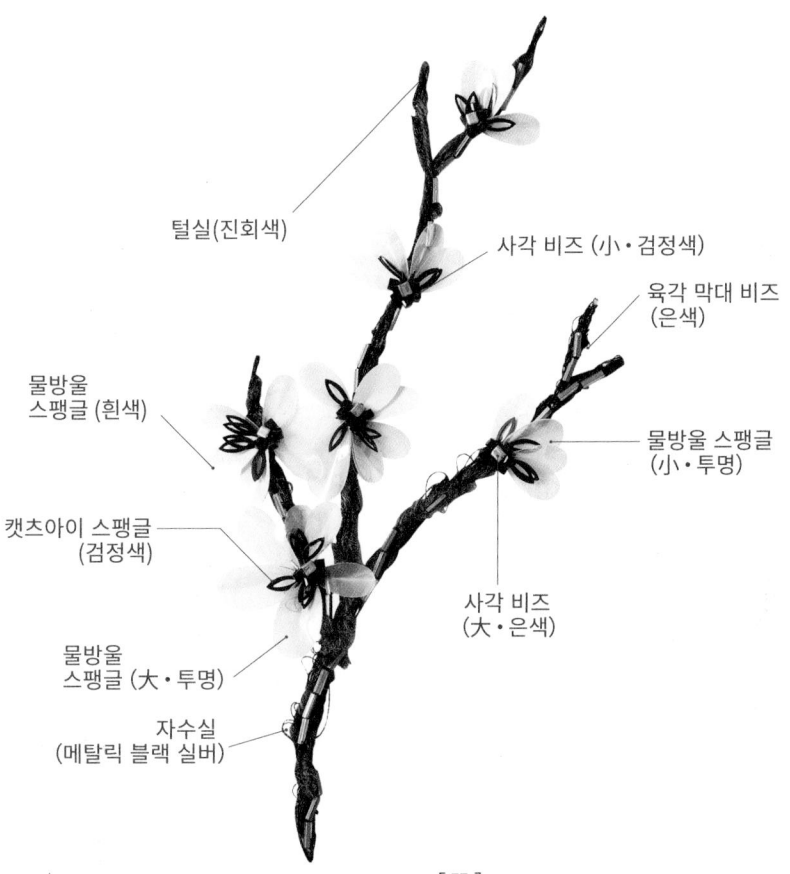

털실(진회색)

사각 비즈 (小·검정색)

육각 막대 비즈
(은색)

물방울
스팽글 (흰색)

물방울 스팽글
(小·투명)

캣츠아이 스팽글
(검정색)

사각 비즈
(大·은색)

물방울
스팽글 (大·투명)

자수실
(메탈릭 블랙 실버)

Material | 재료

[가지]
DMC자수실 25번 (메탈릭 블랙 실버)············1개
털실 (진회색) ······························· 30 cm
육각 막대 비즈 (은색)······················28개

[기타]
손바느질 실 (검정색) ·······················1개
※ 자수 원단은 25 cm×28 cm 이상이어야 한다.

[꽃]
물방울 스팽글 (小·투명) ················22개
물방울 스팽글 (흰색) ···················· 8개
물방울 스팽글 (大·투명) ················· 6개
캣츠아이 스팽글 (검정색)················33개
사각 비즈 (大·은색)····················· 6개
사각 비즈 (小·검정색) ···················28개

[도구]
수틀
자수 바늘 (크루엘 9호)
가위

04 목련

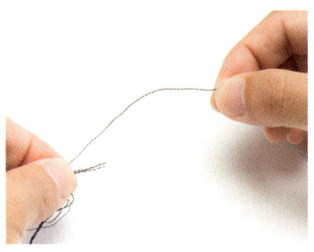

1 메탈릭 블랙 실버 실의 꼬임을
푼 후, 실 한 가닥을 빼냅니다.

2 세 가닥을 빼냈습니다.

3 세 가닥의 실을 바늘에 꿰어
넣고, 끝부분은 매듭을 짓습니
다.

4 도안의 가지 부분에 밖으로 나
오는 실이 많아지도록 거칠게
홈질합니다.

5 끝부분까지 가면 되돌아옵니다.
그때 홈질한 부분과 교차하도
록 바느질합니다.

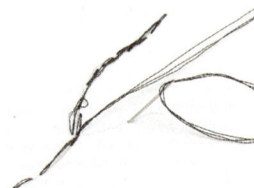

6 실이 엉키거나, 튀어나와도 OK.
정리되지 않은 모습이 개성적인
느낌을 줍니다.

7 여러 번 왕복하면서 가지를 굵
게 만듭니다.

8 7에서 수놓은 가지 위에 털실
을 겹쳐 똑같이 메탈릭 블랙 실
버 실로 수놓습니다. 특히 뿌리
부분은 단단하게 꿰매 고정합
니다.

9 뿌리 부분을 단단하게 꿰매어
고정한 후, 털실을 꼬면서 블랙
실버 실로 고정합니다. 실은 일
부러 가지런하지 않게 듬성듬
성 성글게 바느질합니다.

10 가지 끝은 세게 비틀어 꼬아 가
늘게 만듭니다. 블랙 실버 실을
털실에 휘감거나, 부스스하게
빼내 주거나, 자유롭게 응용해
봅시다.

11 가지 끝부분은 털실을 가늘게
꼬아 자르고, 블랙 실버 실로
여러 번 꿰매 단단히 고정합니
다.

12 가는 가지 부분에도 털실을 꼬
면서 블랙 실버 실로 고정합니
다. 털실로 뭉치거나 곡선을 만
들어도 좋습니다.

13 털실이 고정되었습니다.

14 털실 위에 블랙 실버 실로 은색 육각 막대 비즈를 자유롭게 배치하여 수놓습니다.

15 가지 부분이 완성되었습니다.

꽃

✕　　○

16 물방울 모양의 스팽글을 살짝 접어 구부립니다. 왼쪽 모습과 같이 전체를 구부리지 않고, 오른쪽 모습처럼 뿌리 부분만 살짝 접어 구부려 부드러운 꽃잎 느낌을 줍니다.

17 꽃잎처럼 보이기 위해, 투명, 백색 물방울 스팽글 모두 뿌리 부분을 반 정도 구부립니다.

18 도안의 꽃 표시를 참조하여 물방울 스팽글을 가지에 꿰매어 고정합니다.

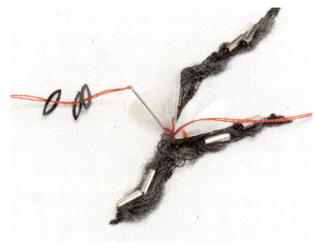

19 물방울 스팽글 1개를 꿰매어 고정하였습니다.

20 물방울 스팽글(大・투명), 물방울 스팽글(小・투명), 물방울 스팽글(흰색)을 자유롭게 2~3장 겹쳐 꽃잎처럼 꿰매어 고정합니다.

21 캣츠아이 스팽글 2~3개를 한꺼번에 바늘에 꿰어, *19*에서 고정한 꽃잎의 뿌리 부분에 모아 수놓습니다.

22 캣츠아이 스팽글을 한 번 더 다발로 묶어 꿰매어 고정합니다.

23 은색 사각 비즈(大) 1개를 꽃 중심에 수놓습니다.

24 꽃술 부분에 사각 비즈를 수놓은 모습.

04 목련

25 중앙에 있는 사각비즈 오른쪽 옆으로 바늘을 빼냅니다.

26 한꺼번에 검정색 사각비즈(小) 5개를 바늘에 꿰어, 중앙 사각 비즈 왼쪽 옆에 꽂아 넣습니다.

27 반원을 그리듯 중앙에 있는 사각비즈 아래쪽에 검정색 사각비즈를 달았습니다.

28 반원의 검정색 사각비즈의 실에 한두 군데 분할을 넣어 정리합니다.

29 도안을 따라 수놓아 목련을 완성하였습니다.

○ **위로 감기** 절단면이 매끈한 진주나 비즈 등을 연속으로 수놓을 때

(p.25 양귀비꽃 과정 *18 ~ 25*)

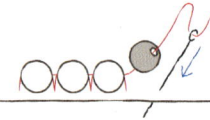

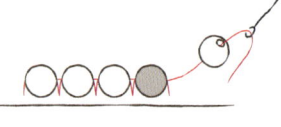

1 비즈의 지름만큼 앞쪽 위치에 바늘을 꽂아 넣습니다.

2 한 알 전의 비즈 뒷부분에서 바늘을 빼내, 다시 비즈에 바늘을 통과시킵니다.

3 *1, 2* 를 반복하여 비즈를 연속으로 수놓습니다.

○ **아래로 감기** 절단면이 고르지 않은 막대 비즈나 쓰리 컷 비즈를 연속으로 수놓을 때

(p.27의 랜덤 자수 테크닉, p.35의 목련 과정*14*)

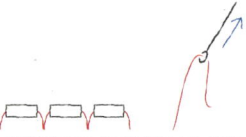

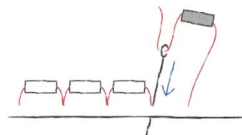

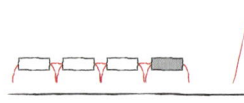

1 비즈의 지름만큼 앞쪽 위치로 바늘을 아래에서 꽂아 넣어 빼냅니다.

2 바늘에 비즈를 꿰어 한 알 전의 비즈 뒷부분으로 꽂아 넣습니다.

3 *1, 2* 를 반복하여 비즈를 연속으로 수놓습니다.

'옷의 섬유가 자수에 들어가기
때문에'라는 이유로,
Lemmikko에서는 반드시 하얀
색 가운을 착용하고 작업을 합
니다.

05

제각각 자유롭게 핀 튈 (tulle) 꽃

안개꽃

baby's breath

[도안 p.118 / 완성 사이즈 약 20cm(세로)×14cm (가로)]

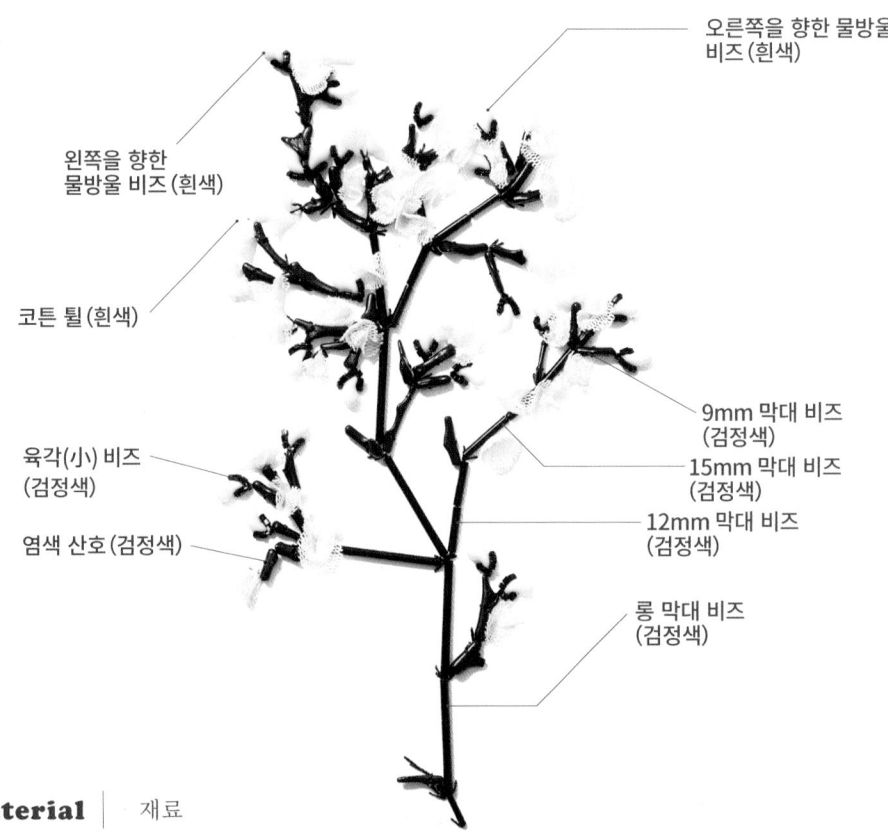

오른쪽을 향한 물방울 비즈 (흰색)

왼쪽을 향한 물방울 비즈 (흰색)

코튼 튈 (흰색)

육각(小) 비즈 (검정색)

염색 산호 (검정색)

9mm 막대 비즈 (검정색)

15mm 막대 비즈 (검정색)

12mm 막대 비즈 (검정색)

롱 막대 비즈 (검정색)

Material | 재료

[줄 기]
롱 막대 비즈(검정색)······························ 5개
15mm 막대 비즈(검정색)······················ 10개
12mm 막대 비즈(검정색)························ 8개
9mm 막대 비즈(검정색)·························· 2개
염색 산호(검정색)·······························55개

[꽃 봉 오 리]
왼쪽을 향한 물방울 비즈 (흰색) ············· 12개
오른쪽을 향한 물방울 비즈 (흰색) ··········· 12개
육각 비즈 (小·검정색) ···············150개 (약1.5g)

[꽃]
코튼 튈 (20cm×30cm·흰색) ····················· 1개

[기 타]
손바느질 실 (검정색) ···························· 1개
손바느질 실 (흰색) ······························ 1개
※ 자수 원단은 30cm×24cm 이상이어야 한다.

[도 구]
수틀
자수 바늘 (크루엘 9호)
연필 또는 초크펜
가위

염색 산호는 천연소재로 모양은 가지각
색입니다. 그중 '나뭇가지' 같은 모양을
골라 사용합니다.

05 안개꽃

줄기

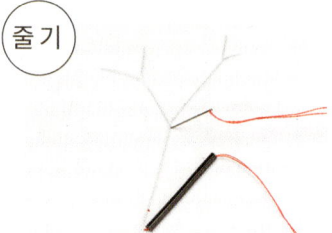

1 도안의 선 위로 자수 시작 실 마감을 한 후, 뿌리부터 바늘을 빼내 롱 막대 비즈를 꿰어 비즈의 길이만큼 위치에 바늘을 꽂아 넣습니다.

2 줄기의 가장 긴 부분에 긴 막대 비즈를 꿰매 고정합니다.

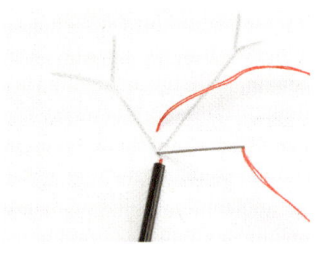

3 줄기와 줄기 사이에 방사형으로 검정실로 꽃술을 수놓습니다. 길이나 방향을 굳이 맞추지 않고 자유롭게 수놓습니다.

4 꽃술 1개를 수놓았습니다.

5 꽃술 3개를 수놓았습니다.

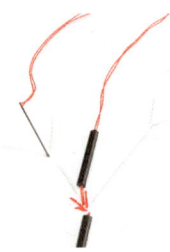

6 꽃술에서 막대 비즈가 나오는 듯한 느낌으로 15mm 막대 비즈를 꽂으며 수놓습니다.

7 두 번째 줄기를 꿰매 고정한 모습입니다.

8 줄기 끝부분엔 반드시 꽃술을 수놓습니다. 꽃술의 개수와 길이는 자유롭게 수놓습니다.

POINT

6mm · 12mm 등 다양한 길이의 막대 비즈를 자유롭게 사용해 가지를 수놓습니다.

9 검은색 염색 산호 중에서 나뭇가지 같은 모양으로 선택합니다.

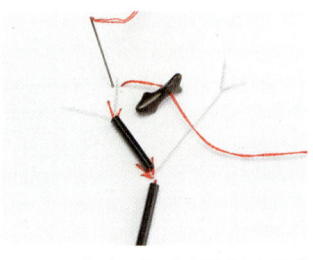

10 9에서 고른 산호를 줄기 끝에 꽂아 수놓습니다.

11 산호 1개가 고정된 모습입니다.

12 흰색 물방울 비즈를 산호 끝부
분에 꿰매 고정합니다.

13 순서대로 바늘을 통과시켜 산호
를 고정합니다. 물방울 비즈의 방
향, 각도는 자유롭게 합니다.

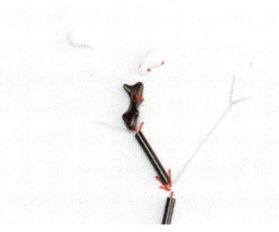

14 오른쪽을 향한 물방울 비즈를
꿰매 고정합니다.

15 같은 방법으로 *14*의 왼쪽에, 왼
쪽을 향한 물방울 비즈를 꿰매
고정합니다.

16 검정 육각 비즈(小)를 V자 모양
이 되게 물방울 비즈의 뿌리 쪽
에 수놓습니다. 먼저, 물방울 비
즈 뿌리 쪽으로 바늘을 빼낸 후,
육각 비즈 4개를 꿰어 물방울
비즈 왼편에 꽂아 넣습니다.

17 그다음, 물방울 비즈 오른편으
로 바늘을 빼낸 후, 육각 비즈(
小) 2개를 꿰어 왼쪽 수놓은 4
개 비즈의 첫째 비즈에 한 번
더 바늘을 끼워 넣습니다.

18 물방울 비즈 뿌리 부분에 V자
모양으로 비즈로 수를 놓았습니
다. 이 부분이 꽃봉오리의 꽃
받침 부분입니다.

19 마찬가지로 왼쪽의 물방울 비즈
에도 꽃받침을 수를 놓습니다.
오른쪽 비즈를 왼쪽보다 1~2개
적게 수놓습니다.

20 꽃봉오리가 완성되었습니다.

21 코튼 튈을 지름 1.5~2cm 원 모
양 으 로 30~40장 자 릅 니 다
(꽃을 많이 달고 싶을 경우 수
량을 늘립니다).

22 원으로 자른 튈을 4분의 1 크기
로 접어 뿌리 부분을 꿰매 고정
합니다.

23 방사형으로 세 번 꿰매 단단히
고정합니다.

05 안개꽃

24 다음 꽃은 원뿔 모양으로 돌돌 말아 실로 고정합니다. 옆을 향해 핀 꽃이 두 종류가 완성되었습니다.

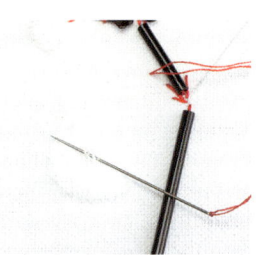

25 꽃을 수놓고 싶은 위치로 바늘을 빼낸 후 틸 한가운데를 바늘로 한 땀 뜹니다.

26 바늘을 빼낸 바로 옆에 바늘을 꽂아 넣어 실을 단단히 잡아당깁니다.

27 활짝 핀 꽃이 완성되었습니다.

28 27의 꽃 옆에도 같은 방법으로 꽃을 만듭니다. 다양한 꽃 모양으로 만들면 더욱 아름다운 작품이 완성됩니다.

29 안개꽃을 완성하였습니다.

POINT

틸 꽃은 위에, 아래, 옆으로 핀 여러 가지 모양의 꽃으로 만들어 보세요. 개수나 방향을 자유롭게 응용하면 더욱 사실적인 안개꽃을 만들 수 있습니다.

실, 원단, 단추, 파츠, 샘플,
과거의 자수 작품 등.
햇볕이 가득 드는 아틀리에
에는 렌밋코의 모든 것이 담
겨 있습니다.

소개하고 있는 렌밋코의 꽃 모티브는 흰색 캔버스에 페인트를 칠한 후 그 위에 수를 놓았습니다.
이 모티브를 기성 티셔츠나 토트백 등에 수놓아 자유롭게 즐겨 보세요.

"도안에 충실하게 수놓는 것이 아니라 꽃잎의 개수와 배치, 색이나 사이즈 등 자신의 자유로운 발상으로 디자인하거나 좋아하는 라인을 만들어 내면 좋겠습니다"라고 렌밋코의 시바타 작가가 독자에게 메시지를 전합니다.

Lesson 2

작가 3 인의 작품 만들기

크로셰를 사용하여 만드는
뤼네빌 기법 오트쿠튀르 자수

크로셰를 사용한 뤼네빌 자수에 도전해 보고 싶
은 분에게 기본 스티치부터 만토즈 기법 간 콤
비네이션까지 소개합니다. 인기 작가들의 작품
에 도전해 보세요.
(사진은 필로사 미나미 제공)

Basic | 뤼네빌 자수

전용 훅 바늘인 크로셰를 이용한 뤼네빌 자수는 바늘에 비즈를 1알씩 꿰어서 수놓는 만토즈와 다르게 미리 실에 꿰어 둔 비즈를 크로셰로 원단의 뒷면에 고정해 나가는 기법입니다. 익숙해지면 빠르고 정확하게 완성할 수 있어서, 넓은 면을 채우거나 밀도 높은 자수에 유용합니다.
p. 52부터는 뤼네빌과 만토즈, 이 두 가지 자수 기법을 소개합니다.

○ 크로셰 바늘 잡는 법

연필을 잡는 것과 같이 세 손가락으로 가볍게 쥐듯 잡습니다. 천에 바늘을 수직으로 꽂고 수직으로 빼냅니다. 나사와 같은 방향으로 바늘 훅이 있으므로 기준점으로 삼습니다.

○ 비즈를 실로 옮기기

뤼네빌 자수는 미리 실에 비즈나 스팽글을 꿰어 두고 바늘땀을 뜰 때마다 풀어 바늘에 겁니다. 실에 꿰어 놓은 비즈를 자수에 사용하는 실로 옮겨 준비합니다.

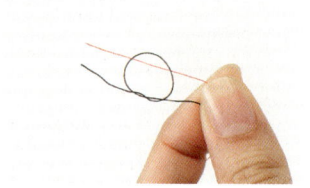

1 — 비즈가 꿰어져 있는 실(검정)의 끝을 옭매듭으로 고리를 만들고, 그 고리 속으로 자수에 사용하는 실(빨강)의 끝을 넣습니다.

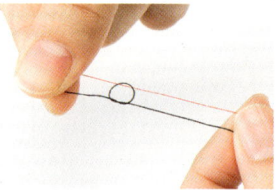

2 — 두 개의 실을 당겨 고리를 조이고, 두 개의 실을 연결합니다.

3 — 두 개의 실 끝을 자수에 사용하는 실 쪽으로 넘깁니다.

4 — 실을 수평으로 하고 비즈를 천천히 옮깁니다.

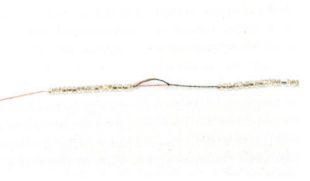

5 — 필요한 수량만큼 비즈 또는 스팽글을 옮깁니다.

6 — 옮기기가 끝나면, 비즈가 꿰어있던 실(검정)을 잡고, 자수용 실(빨강)을 잡아당깁니다.

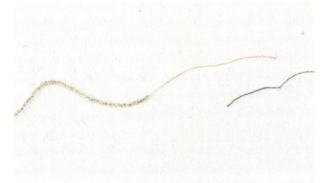

7 — 매듭이 풀어집니다.

실에 꿰어 놓은 비즈와 스팽글(시퀀스)의 실 보관 방법

한쪽 끝 고리에 비즈나 스팽글 1개를 넣은 후 단단히 조입니다.

이렇게 실을 마무리합니다.
비즈를 당기면 고리가 쉽게 풀어집니다.

○ 크로셰 바늘 사용법 (기본 체인 스티치)

우선 기본 체인 스티치로 크로셰 특유의 사용법을 익히도록 합니다.
오른손으로 바늘을 잡고 왼손으로 실을 걸어(왼손잡이는 반대로) 원단의 뒷면을 보면서 꽂아 갑니다.

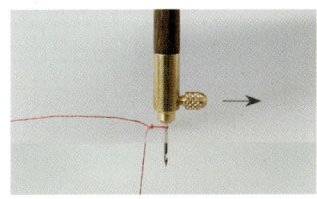

1 시작 스티치(p. 50)를 한 후 나사를 화살표 방향으로 5mm 정도 앞에 바늘을 꽂아 넣습니다.

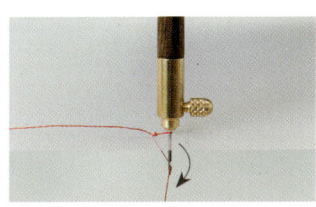

2 화살표 방향과 같이 실을 움직여 바늘의 훅에 겁니다. 아래 실은 적당히 팽팽하게 유지합니다.

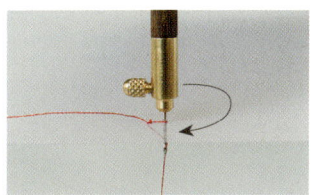

3 바늘을 화살표와 같이 180도 회전시킵니다.

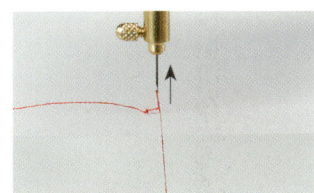

4 바늘을 화살표 방향으로 밀어 구멍을 넓히고, 수직으로 끌어올립니다.

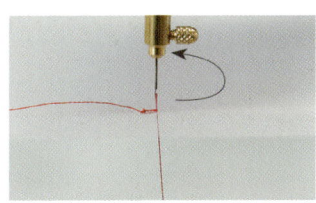

5 바늘을 3과 반대로 180도 회전시켜, 화살표 방향으로 향하게 합니다. 체인 스티치 한 땀 완성.

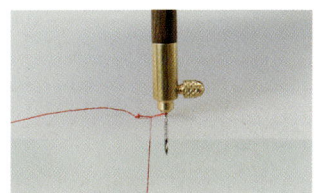

6 5mm 앞에 바늘을 수직으로 꽂아 넣습니다.

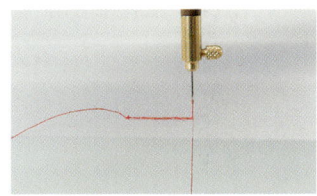

7 2~5를 반복하며 스티치를 진행합니다.

POINT

- 크로셰 바늘을 자유자재로 사용할 수 있도록 천천히 여러 차례 체인 스티치를 연습하세요.

- 바늘이 원단에 걸려 빠지지 않을 때는 나사(또는 훅)가 없는 방향으로 바늘을 밀어 구멍을 크게 넓힌 후(구멍은 물방울 같은 모양) 빼냅니다.

- 아래 실을 바늘과 일직선이 되게 해야 바늘 끝에서 잘 빠지지 않습니다.

○ 크로셰 바늘의 진행과 회전 방향 정리 ○

실 거는 방향과
바늘 회전 방향

위

진행 방향

훅 바늘

아래

왼쪽

오른쪽

- 진행 방향에 따라 실 거는 방향이 바뀝니다.
- '실을 거는 방향과 바늘을 돌리는 방향은 동일하다' 라고 기억해 두면 편리합니다.
- 바늘을 되돌릴 때에는 왔던 쪽으로 돌아갑니다.

위아래로 이동할 때는
실도, 바늘 회전도 오른쪽에서 왼쪽으로

좌우로 이동할 때는
실도, 바늘 회전도 위쪽에서 아래쪽으로

※ p. 48~57에서는 알아보기 쉽도록 빨간색 실을 사용했습니다.

○ 시작 스티치

크로셰로 자수를 시작할 때 반드시 해야 하는 박음질 같은 바느질입니다.
작은 체인 스티치로 앞뒤로 박음질해 실을 고정합니다.

1 크로셰 나사가 진행 방향을 향하게 하여 원단에 꽂아 넣고, 왼손으로 실을 바늘의 훅에 겁니다.

2 바늘을 끌어올립니다.

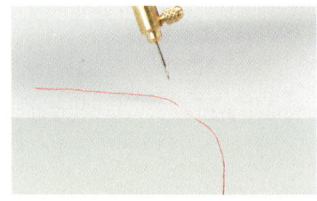

3 그대로 실을 뽑아 원단 위로 15cm 정도 빼냅니다.

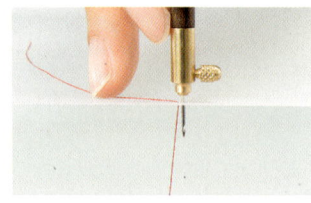

4 약지 손가락으로 실 끝을 누르면서, 실을 빼낸 구멍 바로 근처에 바늘을 꽂아 넣습니다.

5 훅에 실을 걸고, 바늘을 180도 회전시킵니다.

6 바늘을 끌어올립니다.

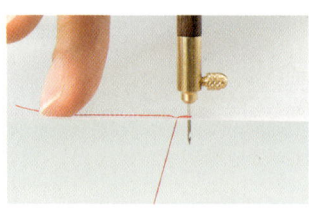

7 바늘을 회전시켜 되돌리고 1mm 정도 앞쪽에 다시 바늘을 넣습니다(사진에서는 이해하기 쉽게 5mm 정도 앞으로 넣었습니다).

8 훅에 실을 걸고 바늘을 180도 회전시킵니다.

9 바늘을 끌어올립니다.

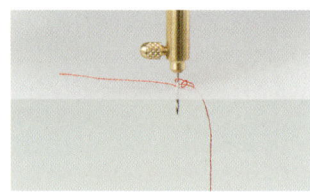

10 1에서 바늘을 꽂아 넣은 위치에 바늘의 방향을 바꾸지 않고 다시 바늘을 넣습니다.

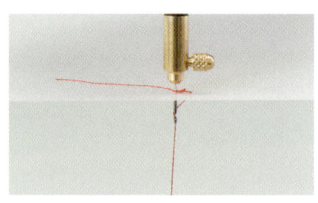

11 훅에 실을 걸고 바늘을 180도 회전시켜 바늘을 끌어올립니다.

12 시작 스티치가 완성되었습니다.

○ 마무리 스티치

자수가 끝났을 때 매듭 대신 마무리할 수 있는 스티치입니다.
스티치 끝이나 실을 자르기 전에 반드시 합니다.

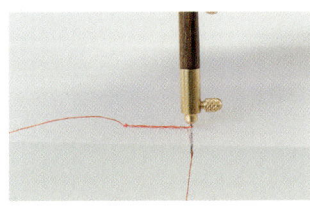

1 마지막으로 스티치의 진행 방향 1mm 정도 앞에 바늘을 꽂아 넣고, 훅에 실을 겁니다.

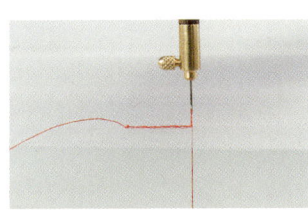

2 바늘을 180도 회전시켜서 바늘을 끌어올립니다.

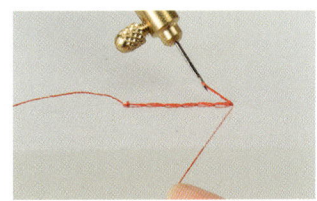

3 윗실과 아랫실을 반대로 잡아당겨, *1*에서 바늘땀을 크게 넓힙니다.

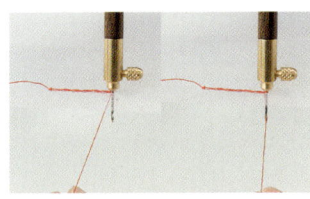

4 바늘을 진행 방향으로 향하게 하고, *3*에서 넓힌 구멍에 바늘을 넣어 훅에 실을 겁니다.

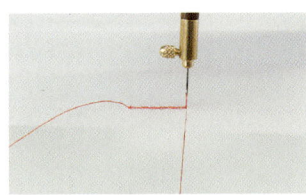

5 바늘을 180도 회전시키고 끌어올립니다.

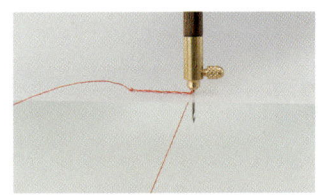

6 바늘을 진행 방향으로 돌려놓고, *3*의 구멍에 다시 바늘을 넣습니다. *4*~*5*와 마찬가지로 훅에 실을 걸어서 바늘을 회전시키고 끌어올립니다.

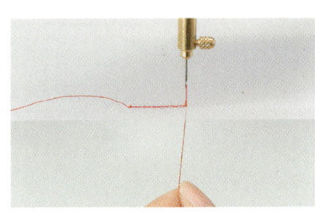

7 다시 한번 *6*을 반복합니다. 같은 위치에 체인 스티치가 세 번 겹쳐져서 매듭처럼 고정되었습니다.

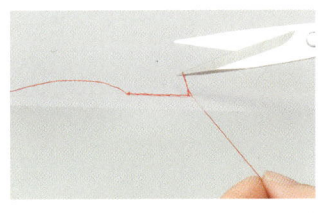

8 바늘을 빼고 고리 부분에 가위를 넣어서 실을 자릅니다.

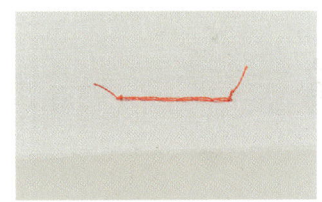

9 마무리 스티치를 완성했습니다.

○ 틀렸을 때 고치는 방법

1 매듭 부분을 가위로 자릅니다.

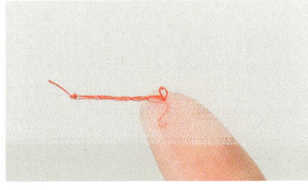

2 체인 스티치를 손가락으로 문지르면 실 끝이 나옵니다.

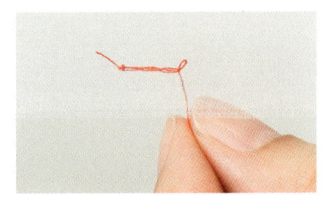

3 실 끝을 잡아당기면 스르륵 풀리므로 고치고 싶은 곳까지 돌아갑니다.

○ 비즈 자수 (Ⓐ)

• 뤼네빌 기법

먼저 비즈에 실을 끼워 두고, 왼손으로 비즈를 풀어내면서 체인 스티치로 고정합니다.
이를 반복하면 비즈 연속 수놓기가 됩니다.

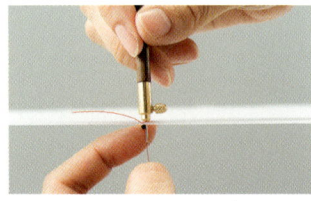
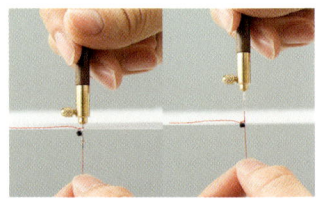

1　비즈의 크기만큼 앞쪽에 바늘을 꽂아 넣고 비즈 1알을 빼내 나사(또는 훅) 반대 방향으로 보냅니다.

2　비즈를 가볍게 누르면서 실을 훅에 겁니다.

3　바늘을 180도 회전시키고 끌어올립니다.

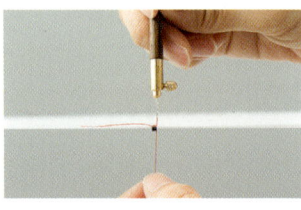
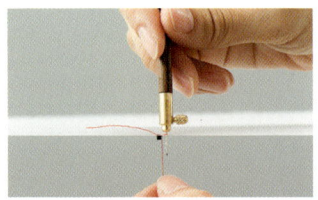
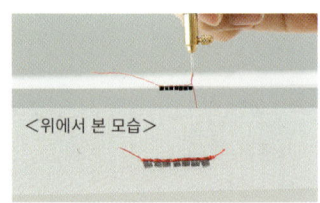

4　바늘을 다시 180도 회전시켜서 되돌립니다. 이렇게 비즈 1알을 고정했습니다.

5　비즈의 크기만큼 앞쪽에 바늘을 꽂아 넣습니다. *1~4*를 반복하며 비즈를 수놓습니다.

6　비즈 7알을 수놓은 모습입니다. 마무리 스티치를 한 후 실을 자릅니다.

• 만토즈 기법

비즈 바늘로 비즈를 수놓을 때 원단의 앞면을 보며 수놓습니다.

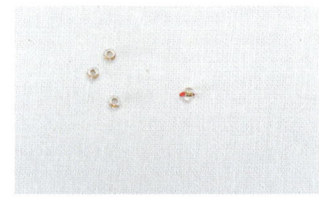
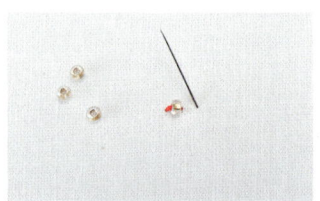

1　실을 매듭짓고 원단의 뒷면에서 바늘을 빼내 비즈 1알만큼 뒤로 돌아가 꽂아 넣습니다.

2　1알 수놓았습니다.

3　비즈 크기만큼 앞쪽으로 바늘을 빼냅니다.

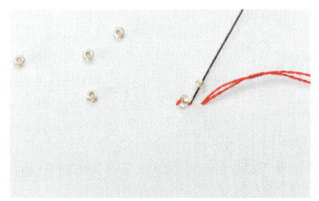
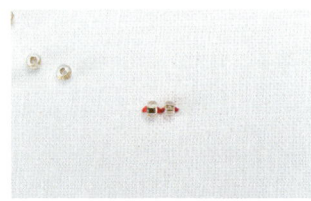
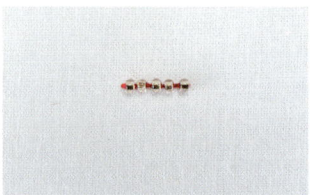

4　비즈를 꿰어서 첫 번째 바늘을 빼낸 위치에 다시 바늘을 꽂아 넣습니다.

5　이렇게 2알을 수놓았습니다.

6　*3~4*를 반복하며 비즈 5알을 연속으로 수놓았습니다.

○ 스팽글(시퀀스) 자수 (B)

• 뤼네빌 기법

실에 꿴 스팽글(시퀀스)을 왼손으로 하나씩 꺼내면서 고정합니다.
이를 반복하면 스팽글(시퀀스) 연속 수놓기가 됩니다. 반씩 겹쳐 수놓는 방법을 소개합니다.

1 스팽글(시퀀스)의 반지름만큼 앞쪽에 바늘을 꽂아 넣고, 스팽글 1개를 빼내 나사(또는 훅) 반대 방향으로 보냅니다.

2 스팽글(시퀀스)을 가볍게 누르면서 훅에 실을 겁니다.

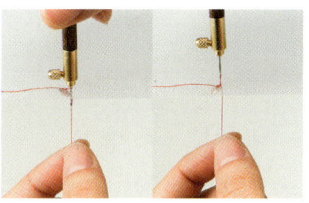

3 바늘을 180도 회전시키고 끌어올립니다.

4 바늘을 다시 180도 회전시켜 되돌립니다. 스팽글(시퀀스) 1개를 고정했습니다.

5 스팽글의 반지름만큼 앞쪽에 바늘을 꽂아 넣습니다. *1~4*를 반복하며 스팽글(시퀀스)을 수놓습니다.

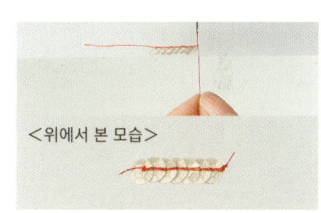

<위에서 본 모습>

6 스팽글 7개를 수놓은 모습입니다. 마무리 스티치를 한 후 실을 자릅니다.

• 만토즈 기법

비즈 바늘로 스팽글(시퀀스)을 수놓을 때, 원단의 앞면을 보면서 수놓습니다.

1 실을 매듭짓고 뒷면에서 바늘을 빼내 스팽글(시퀀스)을 꿰어 반지름만큼 뒤쪽으로 꽂아 넣습니다.

2 1개를 수놓은 모습입니다.

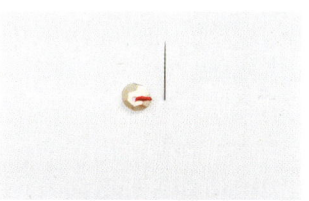

3 스팽글(시퀀스)의 반지름만큼 앞쪽으로 바늘을 빼냅니다.

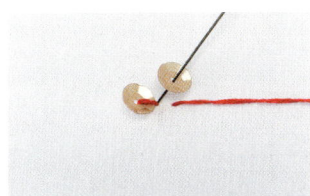

4 스팽글(시퀀스)을 꿰어 첫 번째 바늘을 빼낸 위치에 다시 바늘을 꽂아 넣습니다.

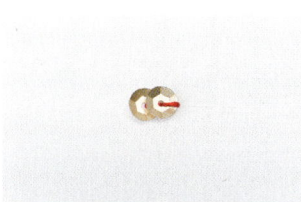

5 이렇게 2개를 수놓았습니다.

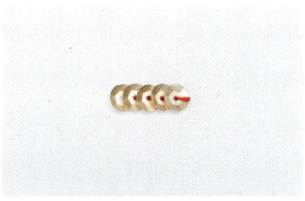

6 *3~4*를 반복하며 스팽글(시퀀스) 5개를 연속으로 수놓았습니다.

○ 베르미셀 vermicelle (C)

방향 전환을 반복하면서, 비즈나 스팽글로 면을 채워 나갈 때 사용하는 기법으로, 랜덤 자수로도 불립니다.
비즈나 스팽글의 방향이 일정하게 되지 않도록 주의하면서 수를 놓습니다.

베르미셀의 바늘 진행 방향을 일러스트로 보면 왼쪽과 같이 꾸불꾸불한 선이 됩니다. 이것을 이미지화하며 수를 놓습니다.

• 뤼네빌 기법 (비즈)

뒷면

앞면

• 뤼네빌 기법 (스팽글)

뒷면

앞면

• 만토즈 기법 (비즈)

손바느질 바늘(자수 바늘)이나 비즈 바늘로도 베르미셀이 가능합니다.
비즈의 방향을 보면서 방향이 제각각 흩어지도록 수를 놓습니다.

1 첫 번째 수놓은 비즈와 다른 방향이 되도록, 비즈 1알만큼 떨어진 위치에서 바늘을 빼냅니다.

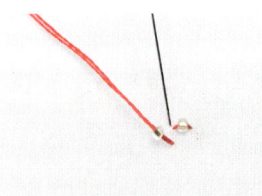

2 비즈를 꿰어 또 다른 방향으로 바늘을 꽂아 넣습니다.

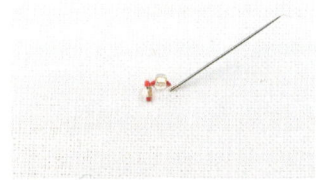

3 세 번째 비즈도 다른 방향이 되도록 바늘을 빼냅니다.

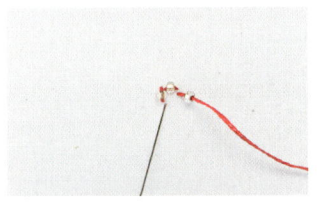

4 비즈를 꿰어 다시 다른 방향으로 바늘을 넣습니다.

5 베르미셀로 3알을 수놓은 모습입니다. 이것을 반복하여, 비즈의 방향을 같지 않도록 자유롭게 수를 놓습니다.

6 무작위로 수놓은 모습입니다. 비즈 방향이 제각각인 것을 알 수 있습니다.

• 만토즈 기법 (스팽글)

스팽글(시퀀스)을 무작위로 수놓을 때 비즈와 마찬가지로 수놓는 방향을 매번 바꿉니다.

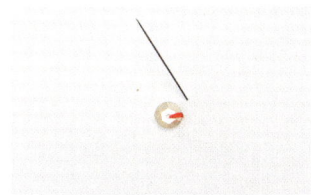

1 첫 번째 수놓은 스팽글과 다른 방향으로 바늘을 빼냅니다. 이때 스팽글 반지름만큼 떨어진 위치에 바늘을 빼냅니다.

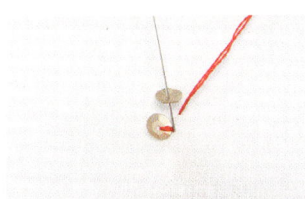

2 스팽글을 꿰어 첫 번째 바늘땀 바로 옆에 바늘을 꽂아 넣습니다.

3 스팽글을 조금 겹쳐서 두 번째 수를 놓았습니다.

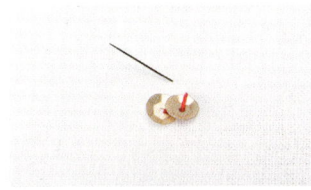

4 1, 2개 고정한 실과 다른 방향으로 스팽글 반지름만큼 떨어진 위치에 바늘을 빼냅니다.

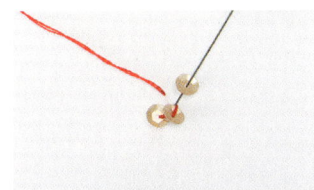

5 스팽글을 꿰어 두 번째 바늘땀 바로 옆에 바늘을 꽂아 넣습니다.

6 이렇게 스팽글 3개를 수놓았습니다.

7 1~3을 반복하며, 스팽글을 겹쳐 베르미셀로 수를 놓습니다.

○베르미셀 밀도 이야기○

비즈나 스팽글(시퀀스)로 빽빽하게 채우지 않고, 듬성듬성하게 흩어지듯 수놓는 베르미셀도 있습니다. 크로셰로 꽂아 넣을 때는 한 번의 스티치마다 빈 스티치(비즈 등을 꿰지 않고 실만 놓은 체인 스티치)를 하면, 밀도가 낮은 베르미셀이 됩니다. 만토즈의 경우 빈 스티치를 넣지 않고, 간격을 두고 수를 놓습니다.

○크로셰로 방향을 바꾸는 스티치

비즈나 스팽글(시퀀스)을 고정하면서 크로셰를 직각으로 돌리려면 두 땀 여분을 넣고 수놓습니다.
일러스트를 참고해서 수를 놓으세요.

뒷면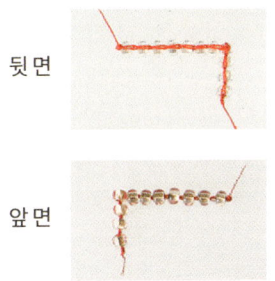

앞면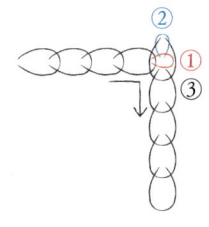

① 비즈를 고정하는 스티치로 화살표 방향으로 돌릴 때, 진행 방향으로 1회 작게 빈 체인 스티치를 합니다.

② 다음 꺾이는 방향과 반대 방향으로 한 번 더 작게 빈 체인 스티치를 합니다.

③ 꺾이는 방향으로 다시 비즈를 꿰어 체인 스티치를 하면, 깨끗하게 직각이 됩니다.

○ 캐비어 (D)

• 뤼네빌 기법

캐비어는 비즈를 겹쳐 입체적으로 표현하는 기법을 말합니다.
비즈 베르미셀 위에 또 한 단의 비즈를 겹쳐 수놓습니다.

〈뒷면〉

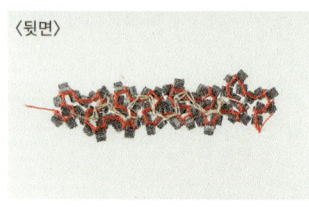

〈앞면〉

POINT

옆에서 보면 비즈의 겹쳐진 모양이 더 잘 보입니다. 여기에서는 알기 쉽게 색을 바꿔서 했지만, 비즈의 색을 같게 하면 입체적으로 완성됩니다.

1 비즈 베르미셀(빨간색 실)의 틈새를 꾸불꾸불하게 2단째 비즈를 베르미셀로 수놓습니다.

2 검은색 비즈 위에 베이지색 비즈가 겹쳐졌습니다. 틈새에 더 수놓으면 2단째 비즈를 늘릴 수도 있습니다.

• 만토즈 기법

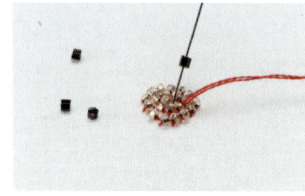

1 1단 베르미셀에 검은색 비즈를 겹칩니다.

2 한 알 수놓은 모습입니다. 계속해서 2단째 검은색 비즈를 수놓습니다.

3 2단째 수를 놓았습니다. 아래 놓은 베르미셀과 마찬가지 방법으로 비즈 방향이 일정하지 않게 주의합니다.

○ 푸엥 티르 point tiré (E)

• 뤼네빌 기법

여러 개의 비즈를 한 번에 수놓을 때 사용하는 기법으로 폭이 넓은 라인을 그릴 때 유용합니다.

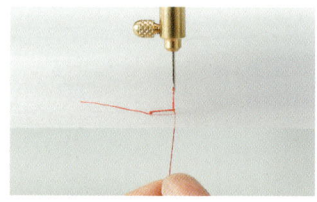

1 시작 스티치(p. 50)를 하고, 한 번에 수놓는 비즈의 길이(여기에서는 4알)만큼 앞에 바늘을 꽂아 넣습니다.

2 훅에 실을 걸어 바늘을 180도 회전시킵니다.

3 바늘을 끌어올립니다.

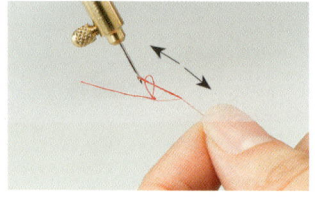

4 위쪽의 실과 아래쪽의 실이 직선이 되도록 바늘을 눕혀 실을 당깁니다.

5 4의 고리 부분이 매듭처럼 조여집니다.

6 아래쪽 실을 당기고 시작 스티치 쪽으로 바늘을 되돌립니다.

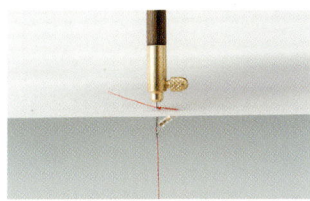
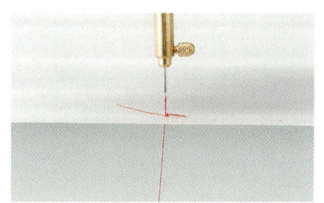

7 ― 실을 당겨 시작과 같은 곳에 바늘을 꽂아 넣고, 한 번에 수놓고 싶은 수의 비즈를 나사와 반대 방향으로 보냅니다.

8 ― 훅에 실을 걸고 바늘을 180도 회전시킵니다.

9 ― 바늘을 당겨 올립니다. 비즈 4알의 푸엥 티르가 생겼습니다.

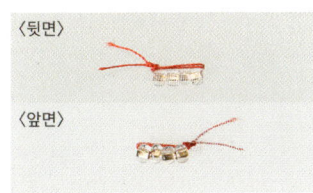
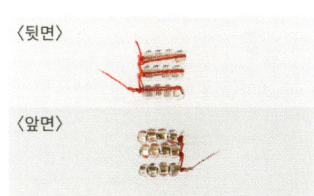

10 ― 원단의 앞면과 뒷면에서 본 모습입니다.

11 ― 빈 스티치로 옆으로 이동하면서 *1~9* 를 반복하며 세 줄로 수를 놓습니다.

> **POINT**
>
> 비즈 위를 푸엥 티르로 덮어 입체적으로 마무리할 수 있습니다. 다양한 기법의 조합으로 여러 종류의 작품을 만들 수 있습니다.

• 만토즈 기법으로 푸엥 티르처럼 수놓는 방법

크로셰로 푸엥 티르가 어려운 경우, 비즈 바늘로도 할 수 있습니다.

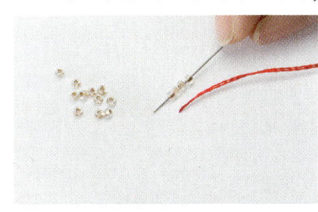
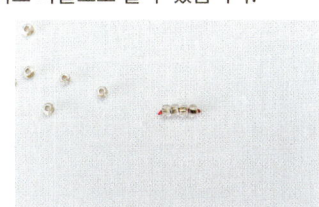
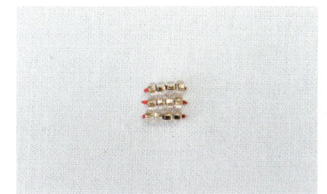

1 ― 우선 수놓고 싶은 수량의 비즈를 바늘에 꿰어 그 비즈의 길이만큼 앞쪽에 바늘을 꽂아 넣습니다.

2 ― 비즈 4알의 스티치가 완성되었습니다.

3 ― 비즈의 폭만큼 옆으로 이동하면서 세 줄을 수놓았습니다.

○ 푸엥 리슈 point riche

가장자리를 두르는 것처럼 크로셰로 지그재그 꿰매는 방법입니다.

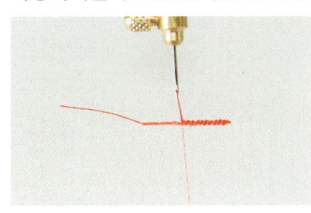

체인 스티치의 위에 걸쳐지도록, 한 땀씩 지그재그로 꼼꼼하게 체인 스티치를 합니다. 이것이 어려울 경우, 자수 바늘로 블랭킷 스티치(p.127) 등으로도 가능합니다.

※ p.48~57는 필로사 미나미 작가님이 감수하였습니다.

흰색 한 가지이지만 다른 소재를
사용함으로써 미묘한 뉘앙스의
차이를 낼 수 있는 작품입니다.
새하얀 코디에도 존재감이 돋보
입니다.

01

양을 형상화한 셔닐실 프렌치 노트가 포인트

복슬복슬 리본 브로치

moco moco brooch

[도안 p.119 / 완성 사이즈 약 4.5cm (세로) × 6cm (가로)]

셔닐실

펄코튼
자수실 (ECRU)

샬롯 비즈

펄코튼
자수실 (BLANC)

Material │ 재료

실에 꿰진 비즈 (흰색)·················· 1줄	[도구]
샬롯 비즈 (13/0 · 밀크 화이트) ·········· 약 250 알	수틀
DMC 펄코튼 자수실 5번사 (ECRU) ········· 60 cm	크로셰 (80번)
DMC 펄코튼 자수실 5번사 (BLANC) ········ 80 cm	비즈 바늘
셔닐실 (하마나카 루나몰 · 흰색) ·········· 80 cm	셔닐 바늘 (셔닐실用)
브로치 핀대 (28mm · 앤티크 실버) ········· 1개	프랑스 자수 바늘 (자수실 5번사用)
실크 오간자 (10cm×10cm · 흰색) ········ 1장	자수 바늘
5mm 펠트 (5cm×5cm · 흰색) ········· 1개	자수 바늘 (크루엘 6호/마감 블랭킷 스티치用)
합성피혁 (5cm×5cm · 흰색) ··········· 1개	연필 또는 초크펜
양면 접착심 (5cm×5cm) ············· 1개	자
손바느질 실 (흰색) ················ 50 cm	가위
	다리미

- 오간자가 손상되지 않도록, 셔닐실의 일부분을 뜯어 심을 내어서, 그 심을 바늘에 끼워 스티치 합니다.
- 자수의 시작과 마무리는 매듭짓지 않고, 빈 스티치 2회로 처리합니다.

Embroidery | 자수 바느질 법

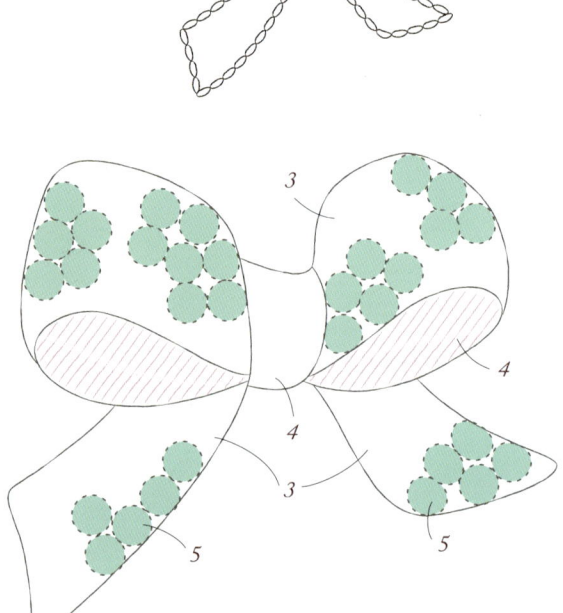

1   도안을 오간자에 옮기고, 수틀에 끼웁니다.

2   리본의 윤곽을 크로셰 바늘이나 자수 바늘을 사용하여, 비즈실로 체인 스티치 합니다.

3   오른쪽 그림의 흰 면을 밀크 화이트 비즈로 베르미셀 합니다. (p.54 C)

4   ECRU 자수실로 사선 부분을, BLANC 자수실로 리본의 중심 부분을 새틴 스티치 합니다.

5   점선의 ◯ 부분을 셔닐실로 프렌치 노트 스티치를 하여 채웁니다.

Finishing | 마무리 법

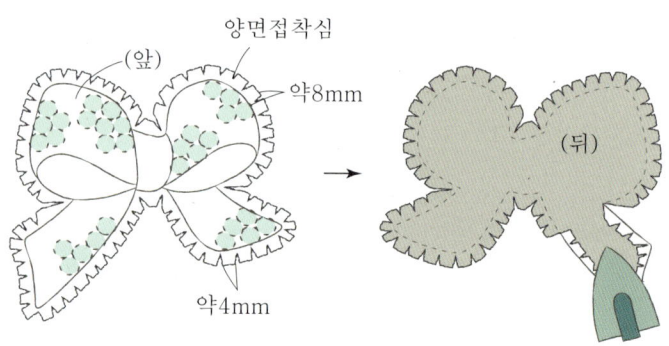

1   자수 모티브 뒷면에 양면 접착심을 다리미로 붙입니다.

2   자수 놓은 부분보다 둘레를 8mm 정도 크게 가위로 자르고, 4mm 정도 간격으로 가위집을 넣습니다.

3   접착심 뒷면을 떼어내고, 가위집 낸 부분을 다리미로 접어 넣습니다.

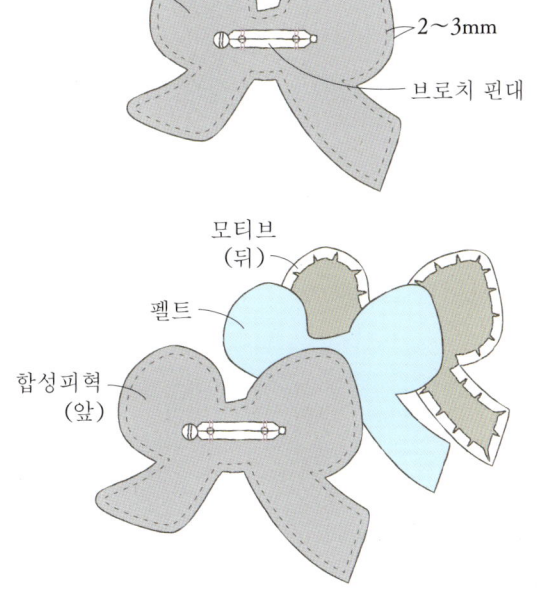

4   합성피혁을 도안보다 2~3mm
정도 크게 자르고, 중심보다 약
간 위쪽에 브로치 핀대를 꿰매
어 고정합니다.

5   모티브 크기보다 2mm 정도
작게 펠트를 자릅니다.

6   3의 모티브에 펠트→합성피
혁 순서로 겹쳐, 가장자리를
손바느질 실과 바늘로 블랭킷
스티치하여 완성합니다.

합성피혁

2~3mm

브로치 핀대

모티브
(뒤)

펠트

합성피혁
(앞)

02

유니크한 얼룩무늬로 임팩트를
얼룩무늬 오벌 반지
oval ring of cow-spot pattern

[도안 p.119 / 완성 사이즈 약 3.5cm(세로)×2cm(가로)]

펄코튼
자수실 (#648)

펄코튼
자수실 (BLANC)

원판 반지대

샬롯 비즈
(펄그레이)

샬롯 비즈
(펄화이트)

Material │ 재료

비즈실 (흰색)	⋯⋯	1개
비즈실 (연회색)	⋯⋯	1개
샬롯 비즈 (13/0·펄그레이)	⋯⋯	약 120 알
샬롯 비즈 (13/0·펄화이트)	⋯⋯	약 150 알
DMC 펄코튼 자수실 5번사 (#648)	⋯⋯	60 cm
DMC 펄코튼 자수실 5번사 (BLANC)	⋯⋯	80 cm
원판 반지대 (원판 지름 12mm·은색)	⋯⋯	1개
실크 오간자 (10cm×10cm·흰색)	⋯⋯	1장
5mm 펠트 (5cm×5cm·흰색)	⋯⋯	1개
합성피혁 (5cm×5cm·흰색)	⋯⋯	1개
양면 접착심 (5cm×5cm)	⋯⋯	1개
손바느질 실 (흰색)	⋯⋯	50 cm

[도구]
수틀
크로셰 (80번)
비즈 바늘
프랑스 자수 바늘 (자수실 5번사用)
자수 바늘
자수 바늘 (크루엘 6호 / 마감 블랭킷 스티치用)
연필 또는 초크펜
자
가위
다리미
본드

우아하게 빛나는 두 가지 색의 샬
롯 비즈와 가장자리의 프렌치 노트
스티치가 포인트인 반지. 어떤 코
디에도 잘 어울리는 배색입니다.

샬롯 비즈를 베르미셀(랜덤 자수)하면, 빛에 반짝반짝 아름답게 빛이 납니다. 비즈의 방향을 하나하나 다르게 수놓도록 합니다.

Embroidery | 자수 바느질 법

1 오간자에 도안을 옮겨 그린 후, 수틀에 끼웁니다.

2 오벌의 윤곽선을 크로셰 또는 자수바늘을 사용하여 흰색 비즈실로 체인 스티치 합니다.

3   오른쪽 그림의 사선 부분을 연회색 실
    에 펄그레이 샬롯 비즈를 꿰어 베르미
    셀 합니다 (p.54 C) .

4   오른쪽 그림의 흰 면을 흰 실에 펄화
    이트 샬롯 비즈를 꿰어 베르미셀 합니
    다.

5   자수실 5번사를 사용하여 오벌 주위
    에 프렌치 노트 스티치를 같은 간격으
    로 장식합니다. 이때 프랑스 자수 바
    늘로 실을 3회 감아 큰 프렌치 노트를
    만듭니다.

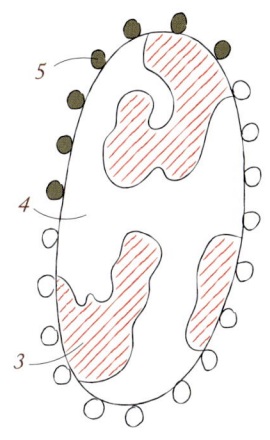

Finishing │ 마무리 법

1   자수 모티브 뒷면에 양면 접착심을
    다리미로 붙입니다.

2   자수 부분보다 둘레를 8mm 정도 크
    게 가위로 자르고 4mm 정도 간격으
    로 가위집을 넣습니다.

3   접착심 뒷면을 떼어내고 가위집 낸 부
    분을 다리미로 접어 넣습니다.

4   펠트를 모티브 크기보다 3mm 정도
    작게 자르고 합성피혁은 2mm 정도
    크게 자릅니다.

5   합성피혁의 중앙에 가위집을 내어 반
    지대의 원판을 찔러 넣고 합성피혁과
    원판을 본드로 고정합니다.

6   3의 모티브에 펠트→원판 반지대 순
    으로 겹쳐 주위를 손바느질 실과 바
    늘로 블랭킷 스티치하여 완성합니다.

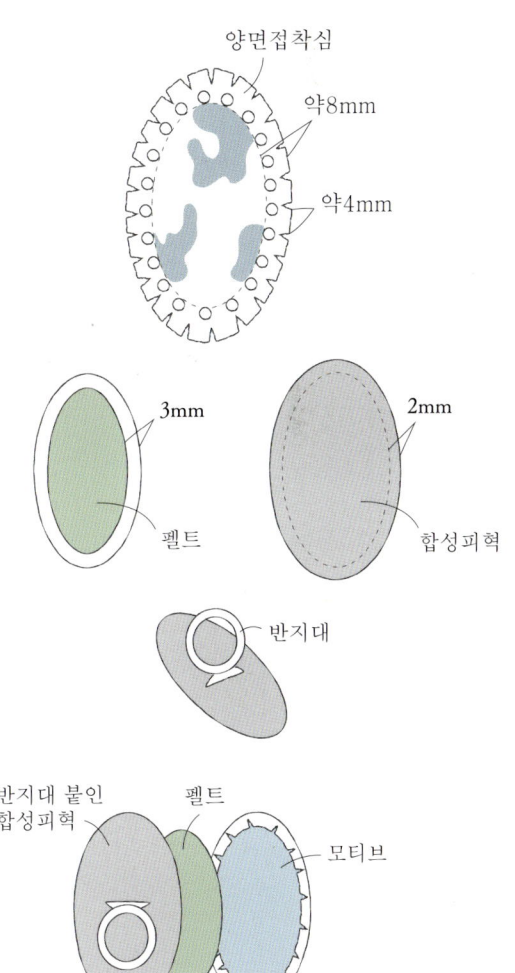

투명 베이스에 마블·실버 무늬가 들어
간 유니크한 시퀸스를 사용한 귀걸이.
선명한 블루와의 대비로 귓가를 화려하
게 장식합니다.

03

흐르는 듯한 날개 디자인으로 가볍게

날개귀걸이

wing-shaped earrings

[도안 p.119 / 완성 사이즈 약1.5cm(세로)×3.5cm(가로)]

샬롯 비즈 (파란색)

샬롯 비즈(펄 화이트)

평면 스팽글
(물결 은색)

귀찌

Material | 재료

비즈실 (연회색) ··········	1개	[도구]
샬롯 비즈 (13/0·파란색) ··········	약 40 알	수틀
비즈실 (흰색) ··········	1개	크로셰 (80번)
샬롯 비즈 (13/0·펄 화이트) ··········	약 80 알	비즈 바늘
평면 스팽글 (4mm·물결 은색) ··········	약 50 개	연필 또는 초크펜
은사 ··········	80 cm	자
논 피어싱 귀찌 (원판 나사형·4mm·은색) ··········	1 세트	가위
실크 오간자 (10cm×10cm·흰색) ··········	1장	다리미
합성피혁 (5cm×5cm·흰색) ··········	1개	본드
양면 접착심 (5cm×5cm) ··········	1개	

- 가운데 원은 1단을 비즈로 채우고, 2단에 비즈를 겹쳐 수놓아 입체적으로 마무리합니다
(p.56 D 캐비어).
- 수놓으면서 도중에 완성도를 체크하면서 마무리합니다.

Embroidery | 자수 바느질 법

1 도안을 오간자에 그려 옮긴 후, 수틀
에 끼웁니다.

2 오른쪽 그림의 가운데 원에, 연회색
실로 파란색 샬롯 비즈를 연속으로
수놓습니다 (p.52 A).

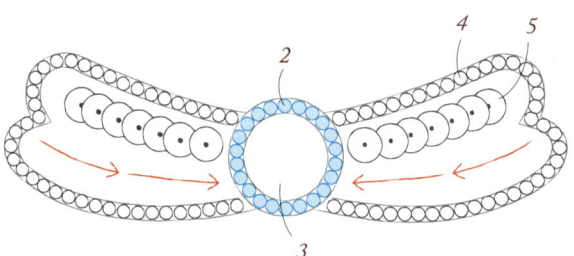

3 원 안쪽에 흰색 실을 사용하여 펄 화
이트 샬롯 비즈로 베르미셀 합니다
(p.54 C). 그 위에 다시 한번 비즈를
겹쳐 수놓습니다 (p.56 D).

4 날개의 윤곽을 펄 화이트 샬롯 비즈
로 연속으로 수놓습니다.

5 물결 은색 스팽글을 날개 안쪽에 은
사로 연달아 수놓습니다 (p.53 B).

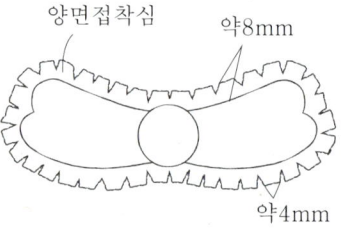

양면접착심
약8mm
약4mm

Finishing | 마무리 법

1 자수 모티브 뒷면에 양면 접착심을
다리미로 붙입니다.

2 자수 부분보다 둘레를 8mm 정도 크
게 가위로 자르고 4mm 정도 간격으
로 가위집을 넣습니다.

3 접착심 뒷면을 떼어내고 가위집 낸 부
분을 다리미로 접어 넣습니다.

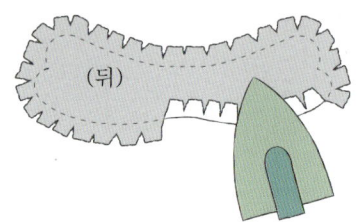

(뒤)

4   합성피혁을 3의 모티브 크기보다 1~2mm 정도 크게 자릅니다. 아래에서 4mm 위치에 가로 3mm 정도 칼집을 내고 논 피어싱 귀찌를 끼워 넣어 본드로 붙입니다.

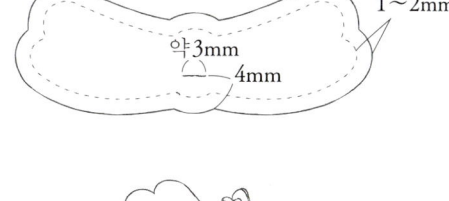

약3mm
4mm
합성피혁
1~2mm

귀찌

5   3의 모티브와 4의 합성피혁을 겹쳐 본드로 접착하여 완성. 다른 한쪽도 같은 방법으로 만듭니다.

04

스팽글과 비즈로 엮은 트위드 디자인

뱅글
bangle

[도안 p.119 / 완성 사이즈 약 2cm (세로) × 8cm (가로)]

평면 스팽글
(메탈릭 애머시스트)

사각홀 비즈
(다이아몬드 실버)

솔레유 스팽글
(은색)

육각 비즈
(小·검정색)

라인스톤
(체코 크리스탈)

메탈사(은색)

솔레유 스팽글
(미드나잇 블루)

Material | 재료

메탈사 (은색) ····································	1개	[도구]
평면 스팽글 (4mm·메탈릭 애머시스트) ·················	약 130 개	수틀
솔레유 스팽글 (4mm·미드나잇 블루) ·················	약 110 개	크로셰 (80번)
육각 비즈 (小·검정색) ····························	약 110 알	비즈 바늘
사각홀 비즈 (12/0·다이아몬드 실버) ·················	약 120 개	바느질 바늘
솔레유 스팽글 (5mm·은색) ·························	15개	초크펜
라인스톤 (4mm·체코 크리스탈) ·····················	9개	자
필라가(Fil a gant)·비즈실 (검정색) ·················	1개	가위
필라가(Fil a gant)·비즈실 (흰색) ··················	1개	
DMC 자수실 25번사 (검정색) ······················	1개	
재봉실 (투명) ··································	1개	
폴리에스테르 오간자 (약 10cm×약 28cm 이상·오프 화이트) ·········	1장	
합성피혁 (뱅글보다 둘레 1cm 더 큰 크기·검정색) ·············	1개	
판형 뱅글대 (12mm·은색) ·························	1개	
패브릭용 양면 테이프 (3cm×18cm) ··················	1개	

곧게 수놓기만 하는 심플한 기법의
뱅글은 원하는 색으로 바꿔 만들어
도 좋은 작품입니다. 뱅글의 바느
질법을 활용해서 초커 등의 액세서
리에도 응용할 수 있습니다.

- 은색 비즈에는 흰색 비즈 실을, 그 이외의 비즈나 스팽글에는 모두 검은색 비즈실 또는 자수실을 사용합니다.
- 방향을 꺾는 방법, 스팽글의 수놓는 방법 등 오트쿠튀르 자수의 기초 테크닉이 가득 담긴 작품입니다.

Embroidery | 자수 바느질 법

1 오간자에 도안을 옮겨 그린 후, 수틀에 끼웁니다.

2 오른쪽 그림의 테두리 핑크 라인을 은색 메탈사로 3mm 폭의 체인 스티치를 합니다.

3 하늘색 부분에 은색 메탈사로 3mm 폭으로 체인 스티치를 해서 채웁니다. 왕복하면서 진행 방향을 바꿀 때는 작은 체인 스티치를 두 번 한 후에 방향을 바꿉니다.

4 보라색 화살표 부분에 메탈릭 애머시스트, 연두색 화살표 부분에 미드나잇 블루 스팽글을 연속으로 수놓습니다 (p.53 B) .

POINT

스팽글을 수놓을 때 반드시 도안의 끝 라인에서 반지름 만큼 나아간 곳부터 수놓기 시작합니다. 끝에서부터 수놓으면 스팽글이 완성 라인을 나가게 됩니다.

---

5 노란 부분에 육각 비즈(小), 빨간 부분에 사각홀 비즈를 연속으로 수놓습니다 (p.52 A) .

6 오렌지 원 부분에는 솔레유 스팽글 1개와 비즈(小) 2알을 비즈 바늘에 꿰어 *4*에서 수놓은 스팽글의 구멍에 꽂아 넣습니다.

7 핑크 원 부분에 라인 스톤을 단단히 꿰매 고정합니다.

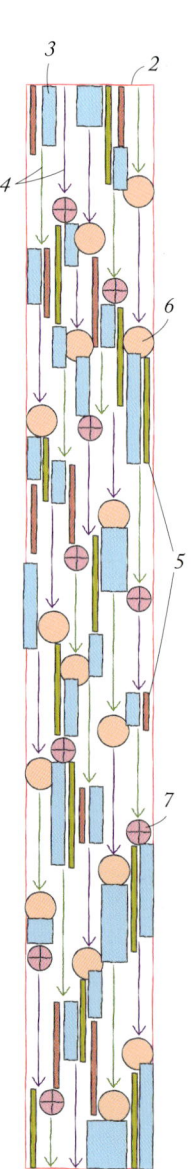

— Lesson 2 by Filosa Minami —

Finishing | 마무리 법

1 자수 모티브 크기보다 둘레를 1cm 정도 크게 자르
고 시접 부분을 손으로 접어 넣습니다.

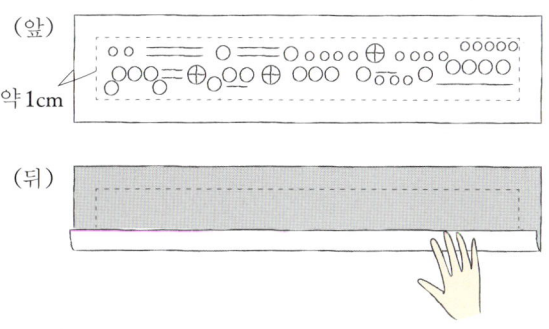

(앞)

약 1cm

(뒤)

2 합성피혁을 도안 크기에 맞춰 자릅니다.
뱅글 겉면에 양면 테이프를 붙이고 합성피혁이 뱅글
안쪽으로 오도록 하고, 가죽과 뱅글, 자수 모티브를
겹쳐 붙입니다.

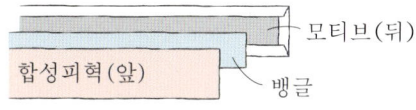

모티브(뒤)

합성피혁 (앞)

뱅글

3 모티브와 합성피혁을 재봉실과 바느질 바늘로 수직
감침질하여 완성합니다.

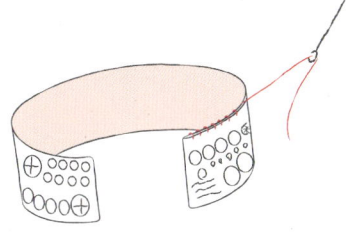

자칫 유치해 보이기 쉬운 리본 모티브를
세련된 디자인으로 완성했습니다.
브로치 또는 헤어 액세서리로 응용해보세요.

05

블랙칼라로 섹시함을 더하는

리본백참

ribbon bag charm

[도안 p.120 / 완성 사이즈 약 3cm (세로) × 5cm (가로) ※ 체인 제외]

금속 장식 부자재

라인 스톤
(체코 크리스탈)

솔레유 스팽글
(은색)

주판알 스와로브스키 비즈
(진홍색)

평면 스팽글
(루비 레드)

O링

사각홀 비즈
(다이아몬드 실버)

육각 비즈
(小·검정색)

Material | 재료

필라가(Fil a gant) • 비즈실 (흰색)······	1개
사각홀 비즈 (12/ 0 • 다이아몬드 실버)······	약 62 알
솔레유 스팽글 (5mm • 은색)······	18 개
필라가(Fil a gant) • 비즈실 (빨간색)······	1개
평면 스팽글 (4mm • 루비 레드)······	약 48 개
필라가(Fil a gant) • 비즈실 (검정색)······	1개
육각 비즈 (小 • 검정색)······	약 20 알
라인 스톤 (6mm • 체코 크리스탈)······	1개
주판알 스와로브스키 비즈 (3mm • 진홍색)······	22 알
재봉실 (투명)······	1개
폴리에스테르 오간자 (10cm×10cm이상 • 오프 화이트)······	1장
까토나쥬용 두꺼운 종이 (1mm 두께 • 5cm×5cm)······	1개
합성피혁 (도안보다 둘레 1cm 더 큰 크기 • 좋아하는 색)······	1개
양면 접착심 (도안보다 둘레 1cm 더 큰 크기)······	1개
O링 (1mm×5mm • 은색)······	4개
종캡 체인 태슬 (45mm • 은색)······	1개
금속 장식 부자재 (은색)······	1개
패브릭용 양면테이프 (4cm×6cm)······	1개

[도구]

수틀
크로셰 (80번)
비즈 바늘
초크펜
가위
다리미
커터칼
송곳
펜치

• 검정색 비즈에는 검정색 실을, 루비 레드 스팽글에는 빨간색 실을, 그 이외의 비즈나 스팽글(시퀸스)에는 흰색 비즈실을 사용합니다.

• 스팽글을 수놓을 때는 도안 라인 끝에서 반지름만큼 나아간 곳부터 수놓기 시작합니다.

Embroidery | 자수 바느질 법

1 도안을 오간자에 옮겨 그린 후, 수틀에 끼웁니다.

2 오른쪽 그림 중앙의 녹색 원을 따라 다이아몬드 은색 사각홀 비즈를 1알씩 수놓습니다 (p.52 Ⓐ) .

3 보라색 화살표를 따라 은색 솔레유 스팽글을 반 겹쳐서 수놓습니다 (p.53 Ⓑ) .

4 녹색 라인을 따라 다이아몬드 실버 사각홀 비즈를 1알씩 연속으로 수놓습니다.

5 핑크색 화살표 부분에 루비 레드 평면 스팽글을 연속으로 반 겹쳐서 수놓습니다.

6 하늘색 라인에 검정색 육각 비즈(小)를 연속으로 수놓습니다.

7 모티브 중앙에 체코 크리스탈 라인 스톤을 단단히 꿰매 고정합니다.

8 중앙의 노란색 방사형 라인을 따라 검정색 육각 비즈(小) 1알, 다이아몬드 실버 사각홀 1개, 은색 솔레유 스팽글 1개 순서로 바늘에 꿰어 한번에 꿰매어 고정합니다.

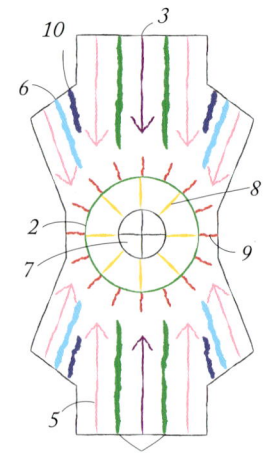

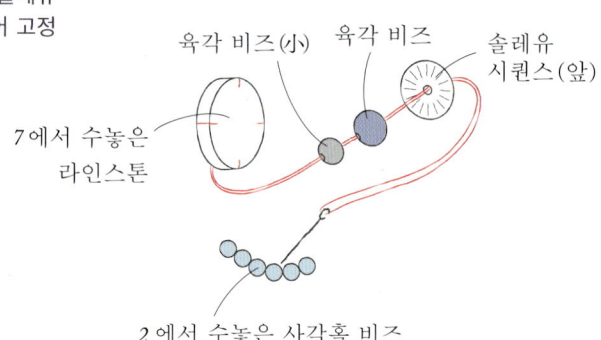

육각 비즈(小)
육각 비즈
솔레유 시퀸스(앞)

7에서 수놓은 라인스톤

2에서 수놓은 사각홀 비즈

9 중앙의 빨간색 방사형 라인을 따라 진 홍색 스와로브스키 비즈 1알, 다이아몬 드 실버 사각홀 비즈 1알 순서로 바늘에 꿰고 다시 한번 스와로브스키 비즈만 통과시켜 수놓습니다.

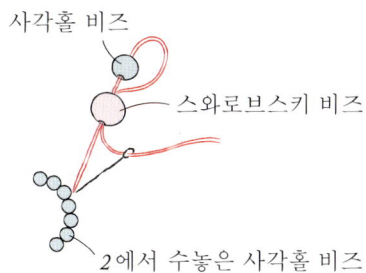

사각홀 비즈

스와로브스키 비즈

2에서 수놓은 사각홀 비즈

10 남색 라인에 다이아몬드 실버 사각홀 비즈 1알, 진홍색 스와로브스키 비즈 1 알, 다이아몬드 실버 사각홀 비즈 1알 순서로 바늘에 꿰어 다시 한번 스와로 브스키 비즈만 통과시켜 수놓습니다.

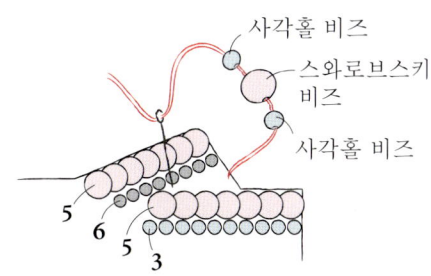

사각홀 비즈

스와로브스키 비즈

사각홀 비즈

5
6
5
3

Finishing | 마무리 법

1 자수 모티브 뒷면에 양면 접착심을 붙이 고 도안보다 7mm 정도 크게 자릅니다. 시접 부분을 5mm 정도 간격으로 가위집 을 넣고 다리미로 눌러 뒷면에 접어 넣습 니다.

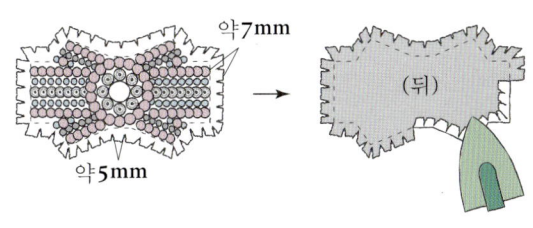

약7mm

(뒤)

약5mm

2 카토나쥬용 두꺼운 종이를 도안대로 잘 라 중앙 상·하단에 송곳으로 구멍을 뚫 습니다. O링을 1개씩 각각의 구멍에 실 로 꿰매 고정합니다. 패브릭용 양면테 이프를 겉면에 붙입니다.

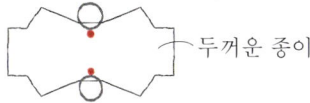

두꺼운 종이

3 도안대로 자른 합성피혁→두꺼운 종이 →모티브 순으로 겹치고 두꺼운 종이에 붙인 양면테이프로 붙입니다. 테두리를 투명 재봉실 한 가닥으로 수 직 감침질하여 마무리합니다.

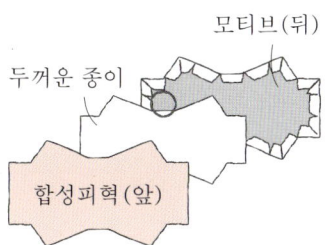

모티브(뒤)

두꺼운 종이

합성피혁 (앞)

4 위 O링에 백 참용 금속 장식 부자재를, 아래 O링에 종캡 체인 태슬을 각각 O링 으로 연결하여 완성합니다.

— Lesson 2 by Filosa Minami —

— Lesson 2 by Filosa Minami —

06

아르데코풍의 기하학 디자인

카라 스타일 목걸이

collar-style necklace

[도안 p.121 / 완성 사이즈 약 17cm (세로) ×15cm (가로)]

육각 비즈 (小 • 검정색)

사각홀 비즈
(다이아몬드 실버)

평면 스팽글
(이집션 블루)

솔레유 스팽글
(은색)

물방울 라인스톤
(크리스탈)

에크라 (크리스탈)

Lesson 2 by Filosa Minami

Material | 재료

필라가(Fil a gant) • 비즈실 (흰색) ···················· 1개	레이스 캡 (10mm • 은색) ························· 2개
사각홀 비즈 (12/0 • 다이아몬드 실버) ··········· 약 1000 알	토글바 (小 • 은색) ····························· 1개
필라가(Fil a gant) • 비즈실 (검정색) ·················· 1개	체인 (K-105 • 은색 • 착용 길이에 맞춤) ················ 1개
사각홀 비즈 (검정색) ························· 약 220 알	양면 접착심 (도안보다 둘레 1cm 더 큰 크기) ·············· 1개
필라가(Fil a gant) • 비즈실 (녹색) ·················· 1개	
평면 스팽글 (4mm • 이집션 블루) ··············· 약 480 개	[도구]
솔레유 스팽글 (5mm • 은색) ····················· 76 개	수틀
에크라 (3mm • 크리스탈) ······················· 24 개	크로셰 (80번)
물방울 라인스톤 (6mm×10mm • 크리스탈) ·············· 1개	비즈 바늘
Gütermann • 메탈릭사 (은색) ····················· 1개	바느질 바늘
재봉실 (투명) ······························· 1개	초크펜
폴리에스테르 오간자 (약 30cm×약 30cm 이상 • 오프 화이트)	자
································ 1장	가위
합성피혁 (도안보다 둘레 1cm 더 큰 크기 • 좋아하는 색) ····· 1개	다리미
O링 (0.8mm×4mm • 은색) ························· 4개	펜치
	본드

도안대로 수놓는 것만으로도
아름다운 무늬와 주얼리 느낌
의 색조가 돋보이는 목걸이.
기하학적 장식의 디자인이 빛
납니다.

- 「첫 번째 라인의 자수가 끝나면, 다음으로 그 라인에 접하는 라인을 수놓습니다.」
  순서대로 자수를 진행합니다.
- 은색 비즈와 흰색, 검은색 비즈에는 검정 실을, 이집션 블루 스팽글에는 녹색 비즈실을 사용합니다.

Embroidery │ 자수 바느질 법

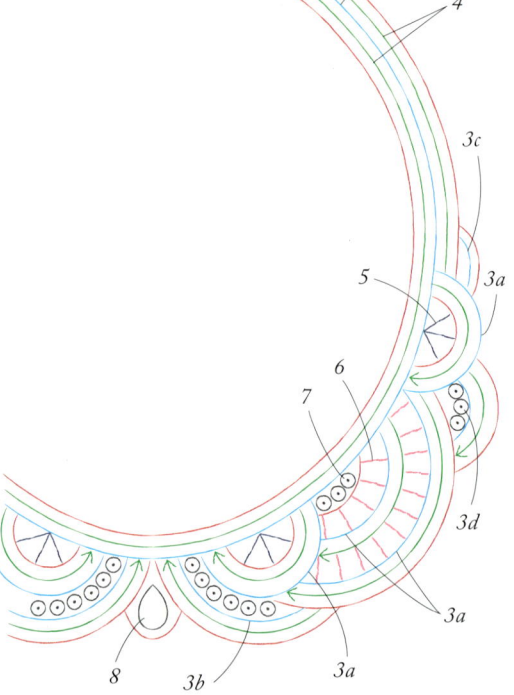

1   도안을 오간자에 옮겨 수틀에 끼웁니다.

2   오른쪽 그림의 가장 바깥쪽 빨간색 라인에 다이아몬드 실버 사각홀 비즈를 1알씩 연속으로 수놓습니다 (p.52 Ⓐ). 바깥쪽 라인에서 안쪽으로 *3~6*을 참조해 순서대로 수놓습니다.

3   하늘색 라인에 모두 검정색 육각 비즈(小)로 수를 놓습니다.
　　· 3a에는 1알씩 연속으로 수놓습니다.
　　· 3b에는 2알씩 수놓고 1알만큼 띄우기를
　　　반복합니다.
　　· 3 c, 3 d는 아래 그림 참조.

3 c의
하늘색 라인에는

　─1알
　─2알

3 d의
하늘색 라인에는

　─1알
　─2알
　─1알

4   녹색 라인을 따라 이집션 블루 스팽글을 1개씩 반 겹치면서 수놓습니다 (p.53 Ⓑ).

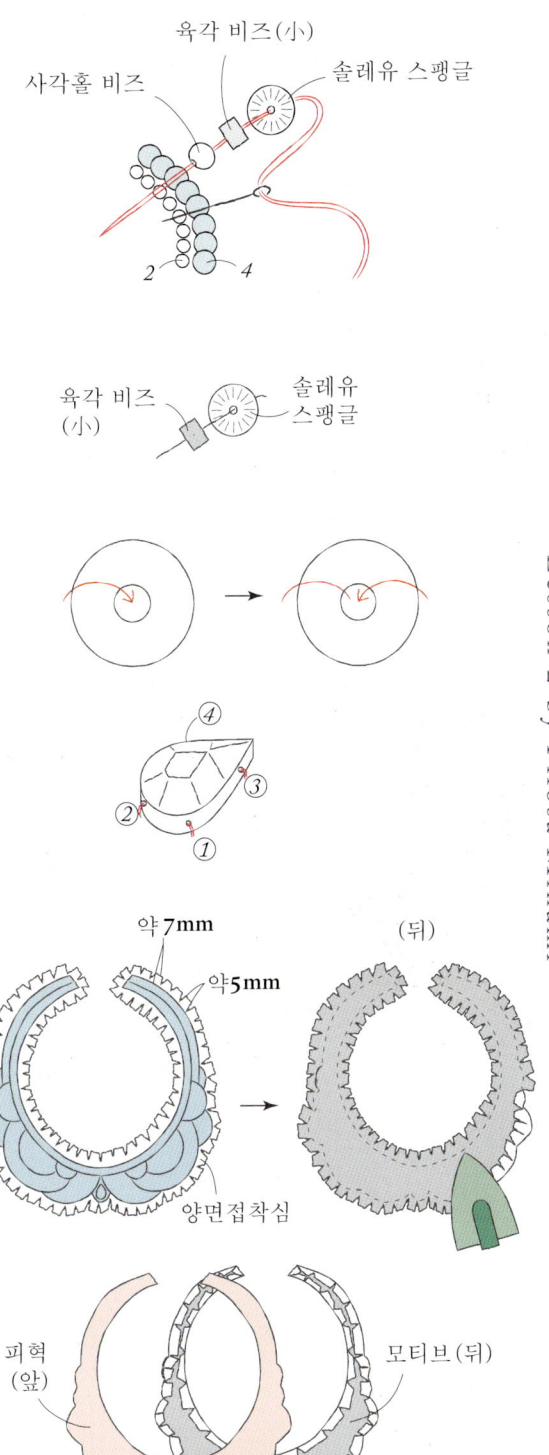

육각 비즈(小)

사각홀 비즈　　　솔레유 스팽글

5　감색 라인에는 검정 비즈실에 다이아몬드 실버 사각홀 비즈 1알, 블랙 육각 비즈(小) 1알, 실버 솔레유 스팽글 1개 순서로 꿰어 안에서 밖으로 바늘을 한번에 찔러 넣습니다.
이렇게 하면 인접하는 다이아몬드 실버 사각홀 비즈에 스팽글이 올려져 입체적으로 됩니다.

2　　4

육각 비즈 (小)　　솔레유 스팽글

6　핑크 라인에는 검정 비즈실에 블랙 육각 비즈(小) 1알, 은색 솔레유 스팽글 1개 순서로 꿰어 안에서 밖으로 바늘을 한 번에 꽂아 넣습니다.

7　동그라미 위치에 은색 메탈릭사로 크리스탈 에크라의 양쪽을 바깥에서 중심 쪽으로 꿰매 고정합니다.

8　목걸이 중앙에 흰색 비즈실로 크리스탈 라인스톤을 오른쪽 그림과 같이 바늘을 넣어 꿰매 고정합니다.

④

④

②　　　③

①

Finishing ｜ 마무리 법

1　자수 모티브 뒷면에 양면 접착심을 붙이고 도안보다 7mm 정도 크게 자른다. 시접 부분을 5mm 정도 간격으로 가위집을 넣고, 다리미로 눌러 뒷면에 접어 넣습니다.

약 7mm

약 5mm

(뒤)

2　합성피혁을 도안 선에 맞춰 자르고 1의 모티브에 겹친 후 테두리를 투명 재봉실 한 가닥으로 수직 감침질하여 마무리합니다.

양면접착심

3　레이스 캡 안쪽에 본드를 바르고 목걸이 양 끝에 임시 고정한 후 펜치로 집어 고정합니다.

합성피혁
(앞)

모티브 (뒤)

4　레이스 캡에 O링과 체인, 토글바를 연결하여 완성합니다.

다른 소재를 조합한 액세서리 감성의 포셰트.
자수실의 그러데이션과 검정 바탕에 선명하게 드러나는 산뜻한 색감을 즐겨 보세요.

07

검은 바탕에 드러나는 색채 미학

플라워 미니백

flowered pochette

[도안 p.122 / 완성 사이즈 약 15cm(세로)×20cm(가로) ※체인을 제외한 길이]

실크 리본
(핑크)

자수실
(718・자홍색)

자수실
(957・연핑크)

자수실
(956・밝은 핑크)

자수실
(3804・진핑크)

사각홀 비즈
(다이아몬드 실버)

자수실(검정색)

솔더 스트랩용 체인

자수실(3755・하늘색)

자수실(552・보라색)

실크 리본(연두색)

자수실(824・남색)

자수실(561・녹색)

라운드 육각형 스팽글(세라믹 블랙)

평면 스팽글(매트 스틸 블랙)

자수실(17・노란색)

자수실(3747・회색)

Material | 재료

[핑크 꽃]
필라가(Fil a gant)・비즈실 (진회색) ·················· 1개
평면 스팽글 (4mm・매트 스틸 블랙) ··············· 약 250개
필라가(Fil a gant)・비즈실 (흰색) ···················· 1개
사각홀 비즈 (12/0・다이아몬드 실버) ··········· 약 860알
DMC 자수실 25번사 (957・연핑크) ················· 1개
DMC 자수실 25번사 (956・밝은 핑크) ············· 1개
DMC 자수실 25번사 (3804・진핑크) ················ 1개
DMC 자수실 25번사 (718・자홍색) ················· 1개
실크 리본 (614・핑크) ····························· 약 2m
DMC 자수실 5번사 (검정색) ·························· 1개
라운드 육각형 스팽글 (4mm・세라믹 블랙) ·········126개

[잎]
DMC 자수실 25번사 (824・남색) ··················· 1개
DMC 자수실 25번사 (561・녹색) ··················· 1개
실크 리본 (553・연두색) ··························· 약 2m

[열매]
DMC 자수실 25번사 (3755・하늘색) ················· 1개
DMC 자수실 25번사 (552・보라색) ·················· 1개

[노란색 꽃]
DMC 자수실 25번사 (17・노란색) ··················· 1개
DMC 자수실 25번사 (3747・회색) ··················· 1개

[가방 본체]
자수용 폴리에스테르 오간자 (25cm×30cm 이상・검정색) ···· 1장
안감용 폴리에스테르 오간자
(도안보다 둘레 2cm 더 큰 크기・검정색) ············ 2장
원하는 겉감 (도안보다 둘레 1cm 더 큰 크기・검정) ···· 1장

[기타]
손바느질 실 (검정색) ······························· 1개
그로그랭 리본 (18mm 폭・검정색) ················· 43cm
새틴 리본 (9mm 폭・검정색) ······················· 7cm
D링 (1.8×15×10.5mm・은색) ······················· 2개
O링 (1.4×8mm・은색) ····························· 2개
회전형 개고리 금속 부자재 (은색) ·················· 2개
자석 스냅 단추 (15mm・검정색) ···················· 1개
솔더 스트랩용 체인 (진회색) ····················· 95cm

[도구]
수틀
크로셰 (80번)
비즈 바늘
자수 바늘 (18번)
바느질 바늘
초크 펜
자
가위
펜치

• 비즈나 스팽글을 수놓을 때는 소재의 색상에 맞는 비즈 실을 사용하세요.
• 스팽글을 수놓을 때는 도안 라인 끝에서 반지름만큼 나아간 곳부터 수놓기 시작합니다.

Embroidery │ 자수 바느질 법

1   도안을 오간자에 옮겨 그리고, 수틀을 끼웁니다.

[핑크 꽃]

2   꽃 테두리 주변 남색 화살표에 매트 스틸 블랙 스팽글을 반 겹쳐 연속으로 수놓습니다 (p.53 B).

3   꽃 테두리 오렌지 라인에 다이아몬드 실버 사각홀 비즈를 아래 그림과 같이 불규칙하게 수놓습니다 (p.52 A).

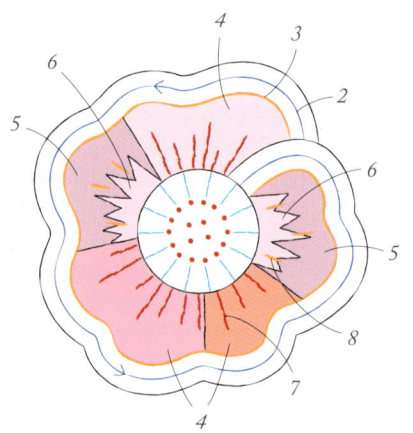

3알 수놓고 1알 비우고, 1알 수놓고… 같은 방법으로 자유롭게 수놓습니다. 처음과 마지막에는 비즈가 오도록 합니다.

4   한 가지 색으로 된 꽃잎 부분에 957·연핑크, 956·밝은 핑크, 3804·진핑크 자수실을 각각 6가닥 잡아 부채꼴 모양으로 새틴 스티치 합니다.

5   자홍색 부분에 718·자홍색 자수실 6가닥을 잡아 부채꼴 모양으로 새틴 스티치를 합니다. 이때 꽃 중심에서 바깥을 향하도록 불규칙하게 수놓습니다.

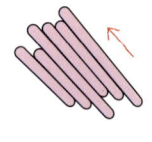

6   5에서 수놓은 자홍색 새틴 스티치 안쪽에 957·연핑크 자수실로 겹치듯이 꽃의 중심에서 바깥을 향하여 수놓습니다.

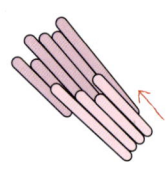

7   614·핑크 실크 리본을 1가닥 잡아 꽃잎 안쪽 빨간색 라인에 수놓습니다.

8   꽃잎 안쪽의 오렌지 라인에 균형을 보면서 다이아몬드 실버 사각홀 비즈 1~4알을 한 번에 실에 꿰어 수놓습니다.

9 꽃 중심에 있는 빨간 점 부분에 검정색 자수실로 3바퀴 감아 프렌치 노트 스티치를 합니다.

10 하늘색 방사형 라인에는 다이아몬드 실버 사각홀 비즈 1알과 세라믹 블랙 라운드 육각형 스팽글 1개를 3세트를 번갈아 실에 꿰어 중심에서 바깥을 향하게 한 번에 수놓습니다.

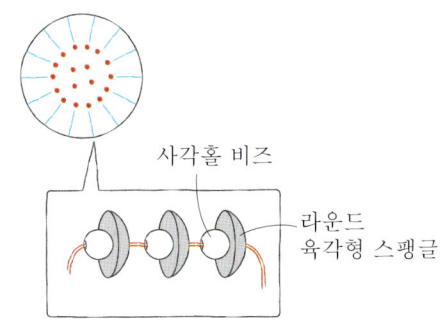

사각홀 비즈

라운드 육각형 스팽글

[잎]

11 오른쪽 그림 잎의 바깥쪽 오렌지 라인에 다이아몬드 실버 사각홀 비즈를 연속으로 수놓습니다.

12 파란 부분에는 824·남색, 진녹색 부분에는 561·녹색 자수실을 각각 6가닥 잡고, 녹색 부분에는 553·연두색 실크 리본을 1가닥 잡아 새틴 스티치 합니다.

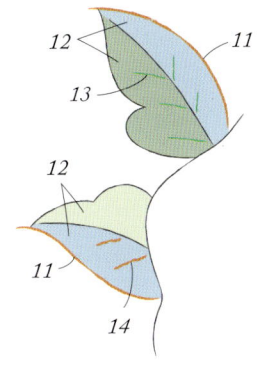

13 잎 안쪽 녹색 라인에 533·연두색 실크 리본으로 스트레이트 스티치 합니다.

14 잎 안쪽 오렌지 라인에 균형을 보면서 다이아몬드 실버 사각홀 비즈 1~4알을 한 번에 실에 꿰어 수놓습니다.

[열매]

15 5~6의 꽃잎과 같이 3755·하늘색과 552·보라색 자수실 6가닥을 잡아 열매를 새틴 스티치 합니다.

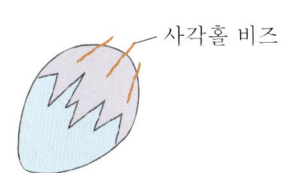

사각홀 비즈

16 오렌지 라인에, 다이아몬드 실버 사각홀 비즈를 4알씩 한 번에 수놓습니다.

[노란색 꽃]

17 노란색 점선에는 17·노란색, 검은색 라인에는 3747·회색 자수실 6가닥을 잡아 레이지 데이지 스티치를 합니다.

18 17 에서 회색실로 수놓는 레이지 데이지 스티치 안에, 다이아몬드 실버 사각홀 비즈 3알을 한 번에 수놓습니다.

19 꽃 중심의 노란색 원안, 다이아몬드 실버 사각홀 비즈로 베르미셀 합니다 (p.54 C).

Finishing │ 마무리 법

1 수놓은 오간자 1장과 겉감 1장을 도안 시접선에 맞춰
재단합니다.
안감용 오간자 2장은 입구 부분에서 2㎝ 내려간 위치
(도안에서 점선 위치)에서 재단합니다. 안감용 오간
자의 입구 부분은 시접이 필요 없습니다. 다음 18mm
폭의 그로그랭 리본을 21.5㎝ 길이로 2개, 9mm 폭의
새틴 리본을 3.5㎝ 길이로 2개 자릅니다.

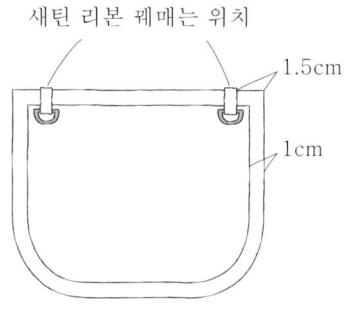

새틴 리본 꿰매는 위치

1.5cm

1cm

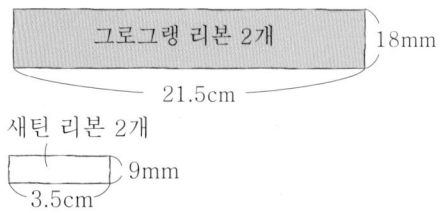

그로그랭 리본 2개   18mm

21.5cm

새틴 리본 2개

9mm

3.5cm

2 새틴 리본을 반으로 접어 D링에 끼우고 끝을 시침질
하여 반고정합니다.

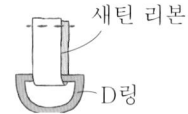

새틴 리본

D링

3 안감용 오간자 1장의 겉면 상단에 *2*의 새틴 리본을
5mm 시접을 두고 꿰매 고정합니다

4 안감용 오간자 2장의 상단에 그로그랭 리본을 1㎝ 겹
쳐 리본 하단을 꿰매 고정합니다. *3*에서 꿰매 고정한
새틴 리본과 같이 꿰맵니다.

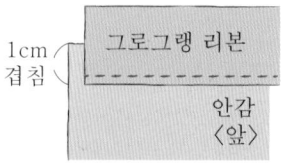

그로그랭 리본

1cm
겹침

안감
〈앞〉

5 수놓은 원단과 겉감(바깥 주머니)끼리 겉면이 마주보
게 맞추고, 안감 2장(안 주머니)끼리 겉면이 마주보게
맞추어, 각각 1cm의 시접을 남기고 둘레를 꿰맵니다(
입구 부분 제외). 시접은 뒤쪽으로 넘겨 처리합니다.

6 바깥 주머니를 뒤집어 되돌린 후, 완성선을 기준으
로 상단을 안쪽으로 접습니다. 안주머니를 바깥 주
머니 속으로 넣고 바깥 주머니 입구의 완성선에서
2mm 아래에 안주머니의 상단을 맞춰 감침질합니
다.

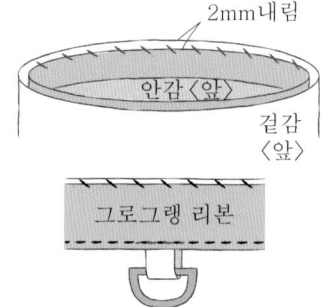

2mm내림

안감 〈앞〉

겉감
〈앞〉

그로그랭 리본

7 그로그랭 리본과 새틴 리본의 가장자리를 겉감에 꿰
매 고정합니다.

8 그로그랭 리본 중앙에 자석 스냅 단추를 꿰매 달아
줍니다.

9 숄더 스트랩용 체인 끝에 회전식 개고리 부자재를
O링으로 달아 연결합니다. 가방의 D링에 회전식 개
고리를 연결하면 완성.

08

겹쳐진 꽃들을 착용해서 화려하게

플라워 카라

flower collar

[도안 p.123 / 완성 사이즈 23cm(세로) × 28cm(가로)]

모던 하지만 어딘지 모르게 레트로 감성의 플라워 카라.
선명한 색의 대비와 보색의 조화를 즐겨보세요.

(중·상급자를 위한 작품으로, 만드는 방법은 간단하게 표기하고 있습니다. 재료도 자유롭게 선택해서 제작해보세요.)

— Lesson 2 by Filosa Minami —

뒤쪽 중심

• 좋아하는 재료・소재로 자유롭게 만들어보세요.
• 좌우대칭의 작품으로 다른 반쪽은 반전시켜 오간자에 옮깁니다.

Embroidery | 자수 바느질 법

1 잎의 중앙 부분을 은사로 체인 스티치 합니다.

2 꽃이나 꽃술 주위에 비즈를 연속으로 수놓아 테두리를 두릅니다. 오른쪽 그림의 핑크 부분은 균등하고 평행하게 5열이 되도록 연속 수놓기를 합니다.

3 2에서 수놓은 2개의 테두리 중앙 라인에 비즈를 연속 수놓기를 합니다.

4 잎맥처럼 방사형으로 잎 전체에 비즈를 수놓습니다.

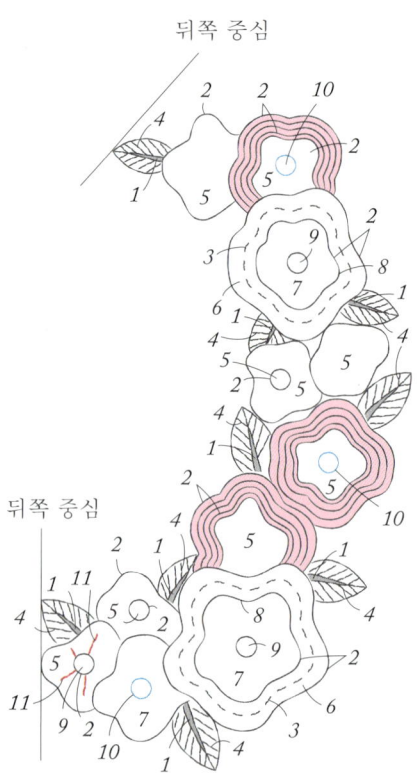

5 꽃 안과 중앙 부분을 베르미셀로 채웁니다.

6 3의 비즈가 덮이도록 폭에 맞는 개수의 비즈를 실에 꿰어 한 번에 수놓습니다.

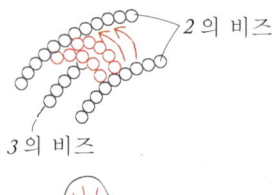

2의 비즈

3의 비즈

7 꽃잎 부분을 셔닐실로 방사형으로 새틴 스티치 합니다.

8   7의 위에 겹쳐진 꽃을 만듭니다. 7과 같은 모양의 꽃 도안을 준비하고 중앙 원 가장자리에 비즈로 연속 수놓기를 합니다.
꽃의 가장자리에도 비즈를 연속으로 수놓아 테두리를 두릅니다. 바깥에서 중심을 향해 스팽글을 겹쳐 수놓고 7에 겹쳐 꿰매 고정합니다.

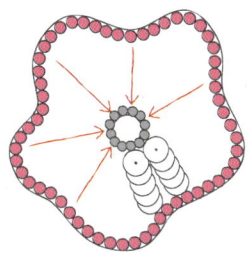

9   9의 중심은 큰 단추컷 비즈를 꽃 중심에 꿰매어 고정합니다. 그 테두리에 비즈와 스팽글을 방사형으로 꿰맵니다.
A는 작은 비즈 2알→ 스팽글 1개→ 작은 비즈 2개→ 스팽글 1개 순서로 바늘에 꿰어 한 번에 수놓습니다.
B는 작은 비즈 2알→ 스팽글 1개 순서로 한 번에 수놓습니다. A와 B를 4회씩 반복해서 방사형으로 꿰매 고정합니다.

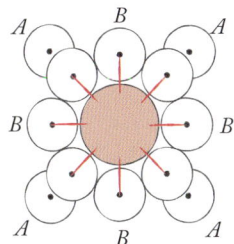

10   10의 중심은 단추컷 비즈 테두리에 스팽글을 1개씩 방사형으로 꿰매 고정합니다.

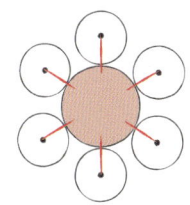

11   빨간색 선은 두꺼운 자수실로 중심으로부터 방사형으로 스트레이트 스티치를 합니다.

12   가장자리는 은사를 사용해 지그재그로 푸엥 리슈 (p.57) 하고 테두리를 자른 후, 부자재를 연결하여 완성. 푸엥 리슈가 어려운 경우에는 블랭킷 스티치 (p.127) 도 OK.

09

중심부의 입체적인 스팽글이 인상적인

슈즈 클립
Pureté / 청순

shoes clips

[도안 p.124 / 완성 사이즈 약 7 cm (세로) × 7.5cm (가로)]

비즈(흰색)

비즈(회색)

비즈(하늘색)

탑홀 스팽글
(大·흰색)

탑홀 스팽글
(小·오로라)

막대 비즈(트위스트 오로라)

막대 비즈(은색)

Material | 재료

[꽃잎 부분]

비즈실 (흰색) ······························· 1 개
비즈 (1.5mm·회색) ········· 실에 꿰어진 비즈 2 줄
비즈 (1 mm·하늘색) ········ 실에 꿰어진 비즈 3 줄
비즈 (2 mm·흰색) ··········· 실에 꿰어진 비즈 3 줄
실크 오간자 (20cm×40cm·흰색) ········· 1 장

[기타]

슈즈 클립 (원판 부착형·은색)
··· 1 개
가죽 (5 cm×5 cm·흰색) ··················· 2 개
양면 접착심 (5 cm×5 cm) ················· 2 개

[중심 부분]

막대 비즈 (1.5cm·은색) ················· 4 개
막대 비즈 (1.2cm·트위스트 오로라) ··········· 4 개
탑홀 스팽글 (大·흰색) ················· 12 개
탑홀 스팽글 (小·오로라) ················ 12 개
비즈 (2 mm·흰색) ······················· 42 알

[도구]

수틀
크로셰 (80번)
비즈 바늘
바느질 바늘
초크펜
자
가위
다리미

※ 실에 꿰어진 비즈는 1줄에 50cm입니다.

• 중심 부분을 직경 1cm 정도 비워 두면 스팽글(시퀀스)이나 막대 비즈를 꿰매기 쉬워집니다.
• 스팽글(시퀀스)을 조금씩 비켜 놓고, 어느 각도에서 보아도 균형 있도록 꿰매는 것이 포인트입니다.

Embroidery | 자수 바느질 법

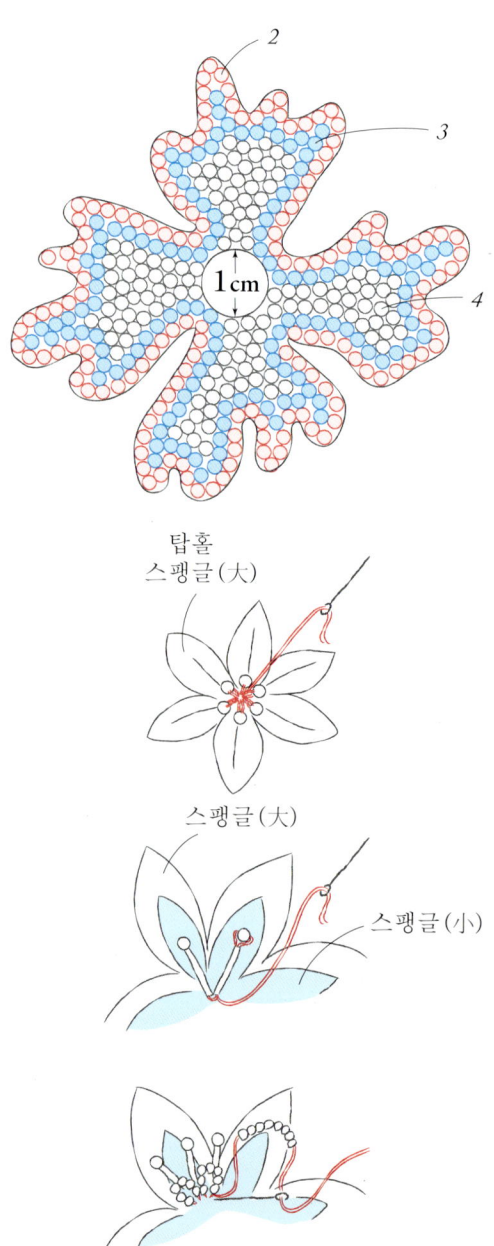

탑홀
스팽글(大)

스팽글(大)

스팽글(小)

1 도안을 오간자에 옮겨 그린 후, 수틀에 끼웁니다.

2 오른쪽 그림의 핑크 부분에 회색 비즈를 연속으로 수놓습니다 (p.52 A) .

3 2의 회색 비즈를 따라 안 쪽에 하늘색 비즈를 한 바퀴 수놓습니다.

4 중심 부분에 지름 1cm의 원을 비워두고, 그 이외의 면에 흰색 비즈를 베르미셀 합니다 (p.54 C) .

5 4에서 비워둔 중심 부분에 스팽글로 입체적으로 꽃을 만듭니다.
흰색 큰 스팽글 6개를 접어 조금씩 비켜 놓고, 겹쳐 꽃처럼 모양을 잡아 꿰맵니다. 그 안쪽에 오로라 작은 스팽글 6개를 같은 방법으로 접어서 꽃처럼 만들어 꿰맵니다.

6 흰색 비즈가 정점에 오도록 막대 비즈와 흰색 비즈를 바늘에 꿰어, 중심에 입체적으로 수놓습니다. 은색, 트위스트 오로라 막대 비즈를 2개씩 사용합니다.

7 중심에 비즈로 꽃술을 만듭니다.
바늘에 흰색 비즈를 6개 꿰어 실을 빼낸 위치 근처에 다시 꽂아 넣어 물방울 모양으로 만듭니다. 다음에 7개, 8개를 같은 방법으로 물방울 모양으로 만듭니다.

Finishing | 마무리 법

1 자수 모티브와 같은 모양으로 자른 가
죽에 슈즈 클립의 원판을 꿰매어 고정
한 후, 클립이 붙어있는 쪽의 부자재
를 고정합니다.

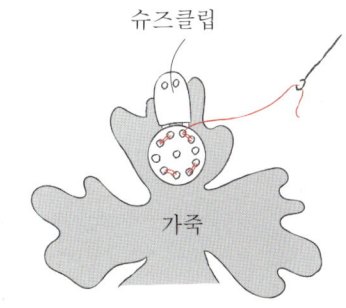

슈즈클립

가죽

2 수놓은 모티브의 뒷면에 양면 접착심
을 붙이고 주변을 조금 큼직하게 자릅
니다. 테두리에 가위집을 넣고 다리미
로 접어 넣습니다.
가죽을 붙여서 완성.
다른 쪽도 같은 방법으로 만듭니다.

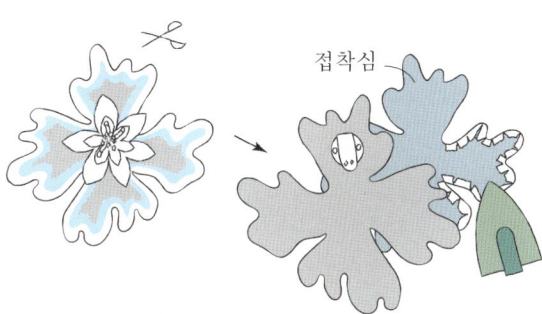

접착심

'시간을 들이는 것이야말로 아름답다'
라는 말은 지금도 이어져 내려오는 프
랑스 메종의 이념입니다. 드레스 장식
으로 발전한 오트쿠튀르 자수의 뒷면은
피부에 닿기 때문에 접착제를 사용하지
않고, 모두 손바느질로 마무리합니다.

10

우아하고 현란한 로맨틱

액세서리 파우치

Invincibilité / 무적

accessory pouch

[도안 p.125 / 완성 사이즈 약 5.5cm(세로)×11cm(가로)]

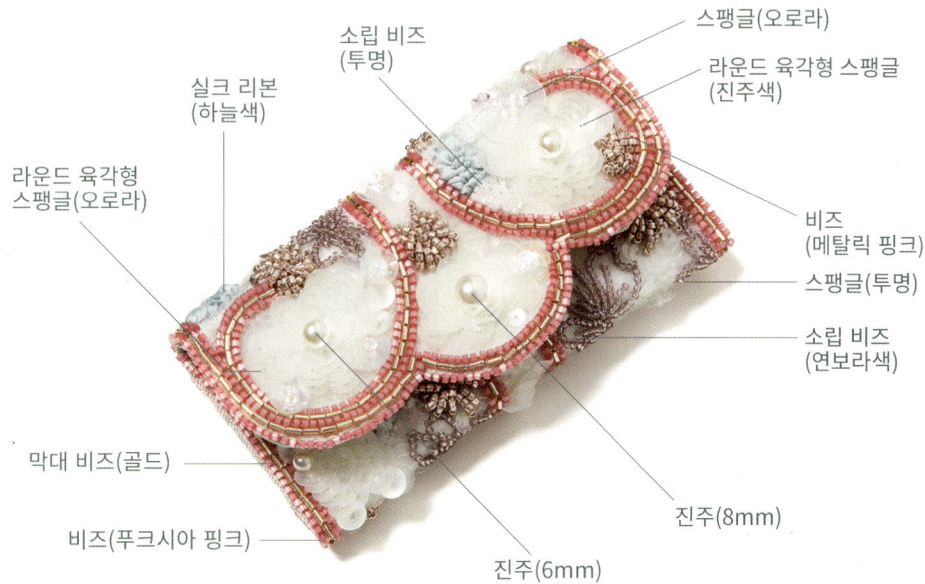

스팽글(오로라)

라운드 육각형 스팽글
(진주색)

소립 비즈
(투명)

실크 리본
(하늘색)

라운드 육각형
스팽글(오로라)

비즈
(메탈릭 핑크)

스팽글(투명)

소립 비즈
(연보라색)

막대 비즈(골드)

진주(8mm)

비즈(푸크시아 핑크)

진주(6mm)

Material | 재료

오트쿠튀르용 자수실 (흰색) ···················· 1 개
막대 비즈 (3 mm·골드) ············· 실에 꿰어진 비즈 4 줄
비즈 (1 mm·푸크시아 핑크) ········ 실에 꿰어진 비즈 5 줄
라운드 육각형 스팽글 (6 mm·진주색)
··································· 실에 꿰어진 스팽글 1 줄
진주 (8 mm, 6 mm, 4 mm·흰색) ··················· 11 알
소립 비즈 (1 mm·연보라색) ······· 실에 꿰어진 비즈 1 줄
비즈 (3 mm·투명) ····························· 약 16 알
소립 비즈 (1.5mm·라벤더 오팔) ···················· 약 23 알
비즈 (1 mm·메탈릭 핑크) ·········· 실에 꿰어진 비즈 3 줄
실크 리본 (폭 6 mm·하늘색) ····················· 1 m
스팽글 (4 mm·투명) ·········· 실에 꿰어진 스팽글 1 줄
라운드 육각형 스팽글 (8 mm·오로라) ·············· 13 개
스팽글 (10mm·오로라) ······················· 3 개
실크 오간자 (25cm×18cm) ···················· 1 장

[기타]
자석 단추 (1.2cm) ························· 1 개
안감 원단
(21cm×15.5cm·좋아하는 원단) ·············· 1 장
자석 고정용 원단
(2 cm×2 cm·안감과 같은 원단) ·············· 1 장
두꺼운 심지 (17cm×11.5cm) ················ 1 개
양면 접착심 (17.5cm×12cm) ················ 1 개
손바느질 실 (안감과 같은 계열 색) ··········· 50cm

[도구]
수틀
크로셰 (80번)
비즈 바늘
바느질 바늘
자수 바늘
초크펜
가위
다리미

※ 실에 꿰어진 비즈는 1줄에 50cm입니다.

• 도안에 얽매이지 않고, 밸런스를 보면서 꽃이나 잎의 위치,
  사용할 비즈 등을 변경해서 수놓아 보세요.

Embroidery │ 자수 바느질 법

1   도안을 오간자에 옮겨 그린 후, 수틀
      에 끼웁니다.

2   골드 막대 비즈와 푸크시아 핑크 비
      즈로 오른쪽 그림의 핑크색 윤곽 부
      분을 연속으로 수를 놓습니다
      (p.52 Ⓐ) .

3   진주색 라운드 육각 모양 스팽글을 반
      겹치면서 (p.53 Ⓑ) 꽃처럼 수놓고, 중
      앙에 진주를 고정합니다. 어떤 크기의
      진주를 고정할지는 취향에 따라 OK.
      (도안의 ◐)

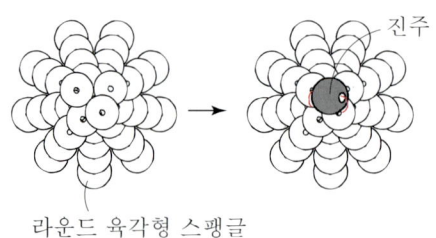

라운드 육각형 스팽글

4   연보라색 소립 비즈로 빨간 꽃을 연
      속으로 수놓습니다.

연보라색
소립 비즈

5   투명한 비즈로 흰 꽃을 연속으로 수
      놓습니다. 마지막에 라벤더 오팔 소
      립 비즈를 중앙에 3~6알 꿰매 고정합
      니다.

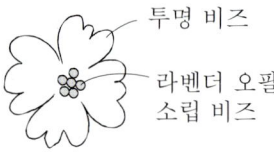

투명 비즈

라벤더 오팔
소립 비즈

6 메탈릭 핑크 비즈로 원모양이 되게
수를 놓은 후, 4알에서 8알을 각각 한
꺼번에 바늘에 꿰어 아치 모양같이
원 밖에서 안쪽으로 꽂아 넣어 꽃잎
을 만듭니다.
아치 길이를 랜덤으로 하여 꽃이 완
벽한 원모양(정원)이 되지 않도록 합
니다. 큰 꽃에 20개, 작은 꽃에 10개
정도 수놓습니다. (도안의 ◉)

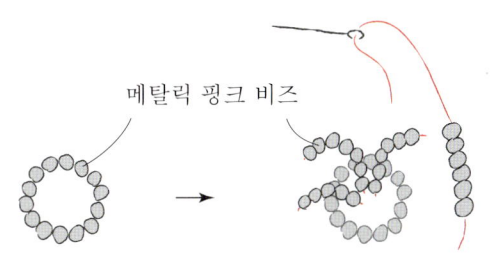

메탈릭 핑크 비즈

7 자수 바늘로 하늘색 실크 리본을 잎 모양으
로 수놓습니다.

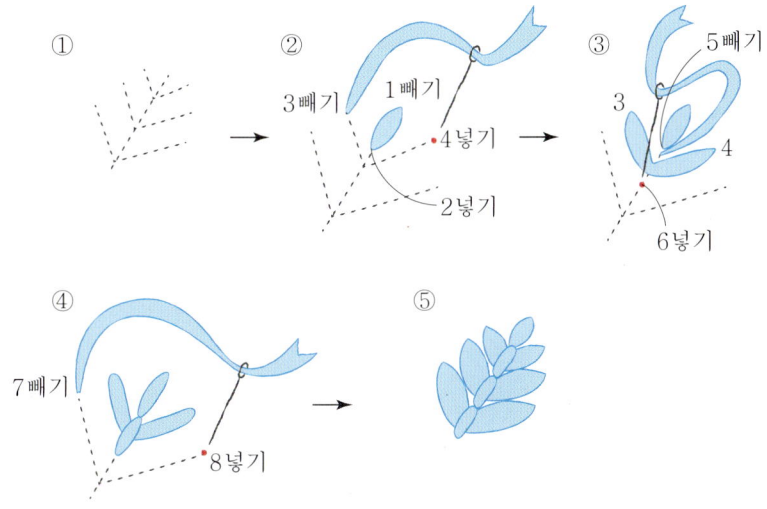

①

② 3빼기 1빼기
4넣기
2넣기

③ 5빼기
3
4
6넣기

④ 7빼기
8넣기

⑤

8 비어있는 면을 투명 스팽글로 채워
갑니다.

9 원하는 위치에 오로라 스팽글과 라운
드 육각형 스팽글을 수놓은 후, 중심
에 투명 비즈를 고정합니다.

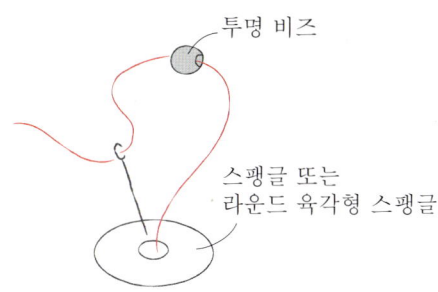

투명 비즈

스팽글 또는
라운드 육각형 스팽글

Finishing | 마무리 법

1   도안 가장자리 2cm 정도 시접을 두고
안감을 재단합니다.
자석을 꿰매 붙이기 위한 작은 원단도
준비합니다.

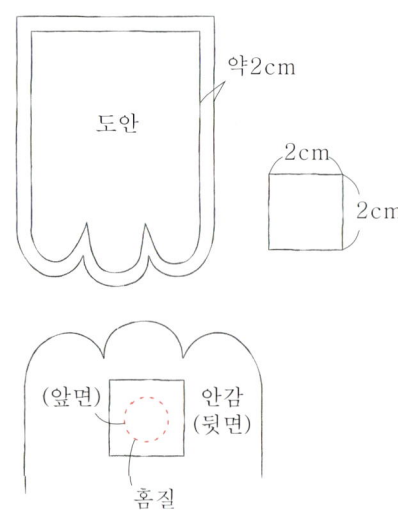

2   안감에 자석 단추를 꿰매어 붙입니다.
자석 봉제 위치에 자석 단추를 놓고 그
위에 작은 천을 겉면에 겹친 후, 자석 주
위를 손바느질실로 홈질합니다.

3   도안 가장자리 1cm 정도 시접을 두고
수놓은 오간자를 재단합니다.
뒷면에 양면 접착심을 붙이고 가장자리
를 도안보다 1~2mm 정도 크게 자릅니
다. 그곳에 도안과 같은 크기의 두꺼운
심지를 겹칩니다.

4   오간자와 접착심을 접으면서, 공그르기
로 2의 안감과 꿰매어 맞춥니다.

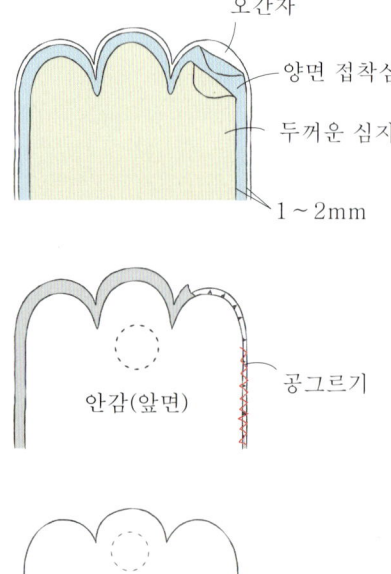

5   세 장을 포개어 양 옆 부분을 맞춰 공그
르기하여 완성.

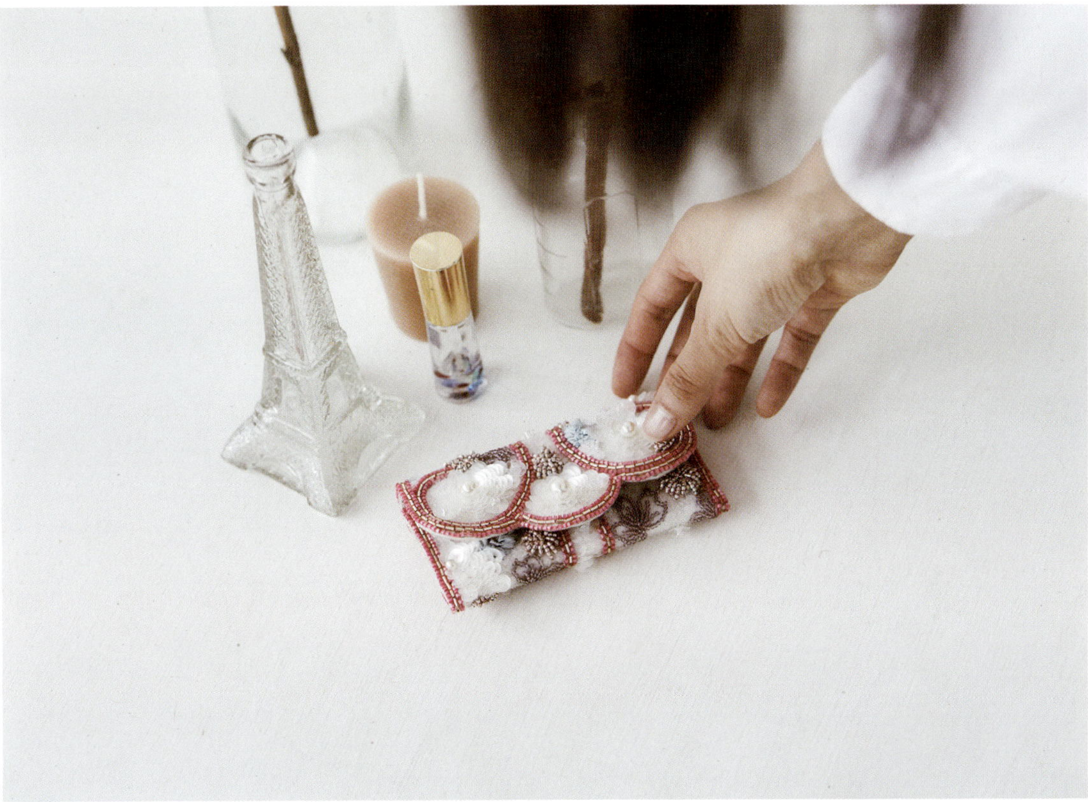

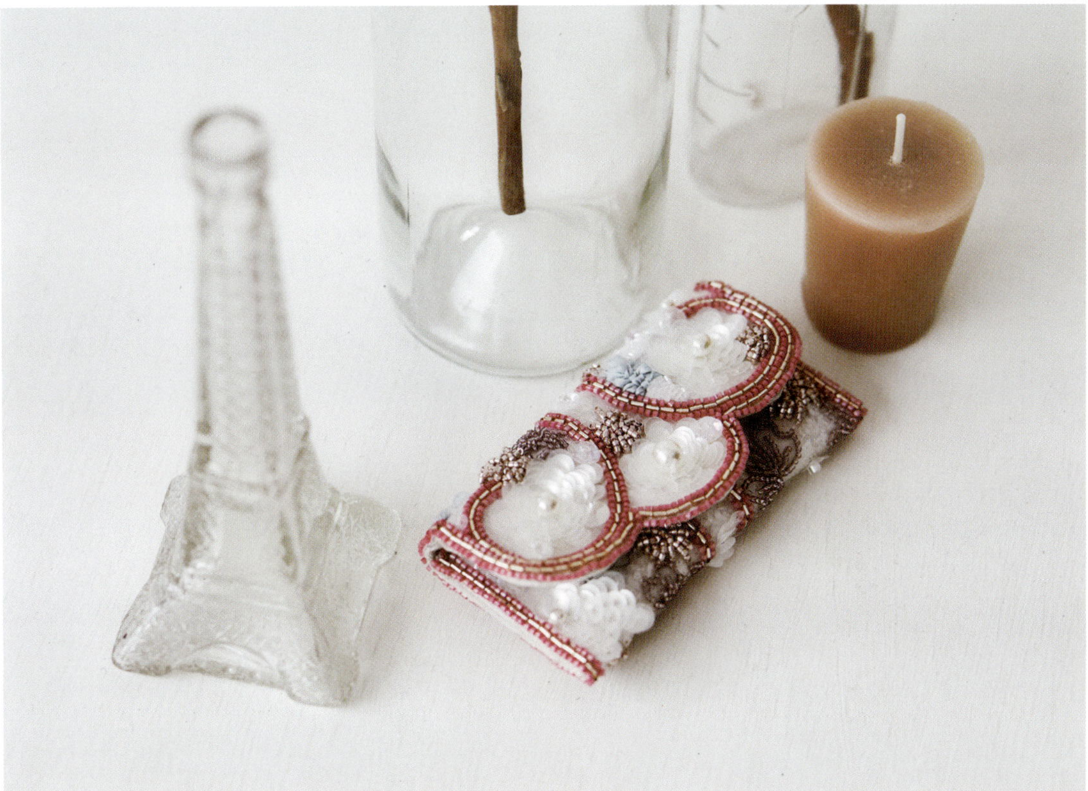

11

그라데이션의 중첩을 즐기다

리본 백
Révolution / 혁명

ribbon bag

[도안 p.126 / 완성 사이즈 약 20cm(세로)×20cm(가로) ※체인을 제외한 길이]

각각 수놓은 대·중·소 크기의 리본을 겹치면
어디에도 없는 볼륨감과 화려함을 실현할 수 있는 가방이 됩니다.
'자수 모티브 겹치기' 라는 아이디어를 다른 작품에도 응용해 봅시다

(중·상급자를 위한 작품으로, 만드는 방법을 간단하게 표기하고 있습니다. 재료도 자유롭게 선택해 제작하세요.)

- 리본 라인을 비즈로 수놓을 때는 취향에 따라 1~3열로 변형해보세요.
- 과정 3번에서는 여러 개의 비즈를 한 번에 수놓는 푸엥 티르 (p.56 E) 라는 테크닉을 사용합니다.
  크로셰 바늘로 작업하기 어려운 경우에는 비즈 바늘로도 가능합니다 (p.57) .
- 3개의 모티브를 겹쳐 꿰맬 때 단단하고 바늘이 잘 들어가지 않으면 펜치를 사용하세요.

Embroidery │ 자수 바느질 법

1 오간자에 리본(大, 中, 小)과 스와로
    브스키 벨트 도안을 옮깁니다. 반전
    시켜 나비넥타이 같은 모양이 되도록
    한 후 수틀에 끼웁니다.

2 리본(大, 中, 小) 도안의 바깥쪽 검은
    윤곽에 비즈를 연속으로 수놓습니다.
    모티브 리본(大)에는 라벤더 비즈, 리
    본(中)에는 블루 라벤더 비즈, 리본
    (小)에는 하늘색 비즈를 사용합니다.

3 2에서 수놓은 아웃라인의 비즈를 4~5
    개 비즈로 덮어 씌우듯 푸엥 티르 기
    법으로 수놓습니다.
    이때 아웃라인과 같은 비즈를 사용합
    니다. 아래의 비즈가 보이지 않도록 개
    수를 조절하세요.

4 도안의 빨간색 선에 자수 모티브 리
    본(大)에는 그레이 비즈, 리본(中) 에
    는 메탈릭 라벤더 비즈, 리본(小)에는
    불투명 유리 하늘색 비즈를 연속으로
    수놓습니다.
    파란색 선은 리본(大, 中, 小) 모두 실
    버 비즈를 연속으로 수놓습니다.

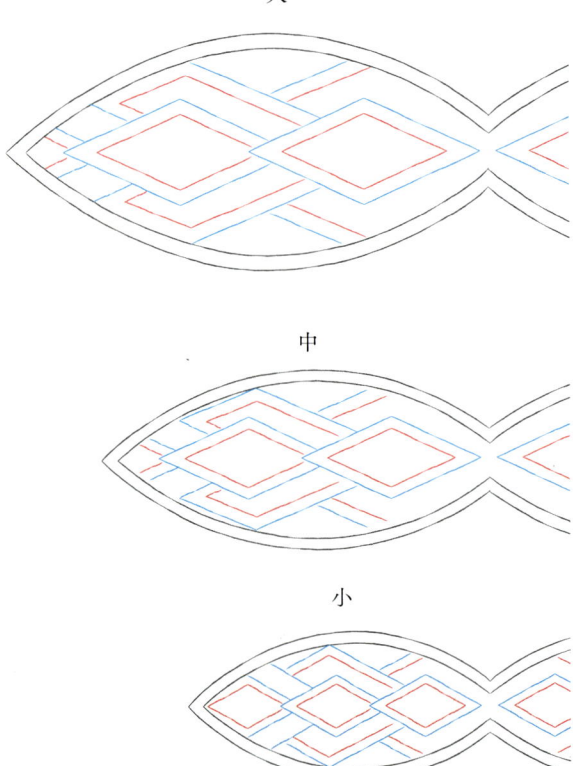

大

中

小

5   남은 면을 스팽글로 채웁니다.
    리본(大)는 실버 라운드 육각형 스
    팽글 5mm, 리본(中)은 실버 스팽글
    4mm, 리본(小)는 디자인 투명 스팽
    글 4mm로 반 겹쳐 연속으로 수놓습
    니다.

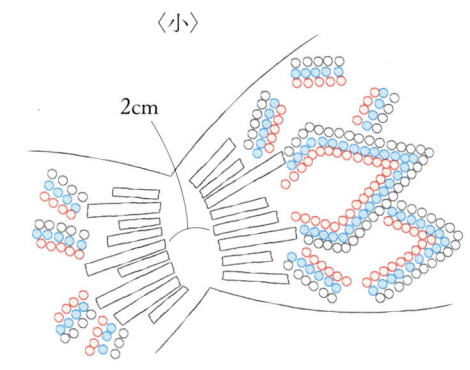

6   리본(小)의 한가운데에 막대 비즈(
    大·中·小)를 자유롭게 무늬를 만들
    어 수놓습니다.
    중앙에는 스와로브스키 벨트를 놓기
    때문에 그림과 같이 2cm 정도 비워
    둡니다.

7   리본의 중심이 되는 벨트 부분의 오
    간자에 스와로브스키를 꿰매 고정하
    고, 리본(小)의 중심에 꿰매 붙입니
    다.

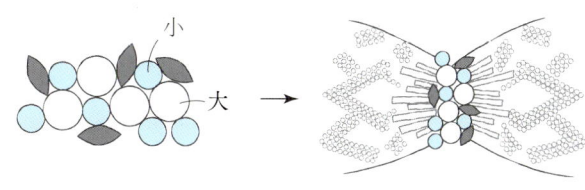

8   각각 수놓은 리본 모티브(大·中·小)
    뒷면에 양면 접착심을 붙입니다.
    자수 모티브 가장자리를 조금 크게 자
    른 후, 가위집을 냅니다.
    다리미로 뒷면으로 접어 넣고, 가죽을
    붙입니다.

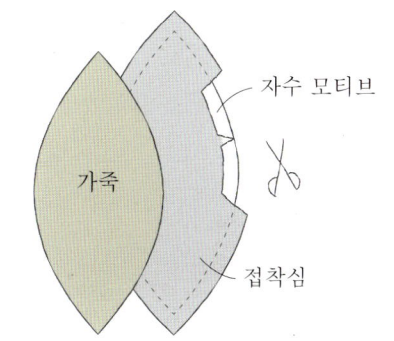

9   리본 양 끝 부분을 둥글게 말아 끝 부
    분이 2~3cm 겹쳐지도록 합니다. 3장
    을 겹친 후, 중심을 고정합니다. 굵은
    자수 바늘과 굵은 코튼 실을 사용해
    단단히 꿰매 고정합니다.

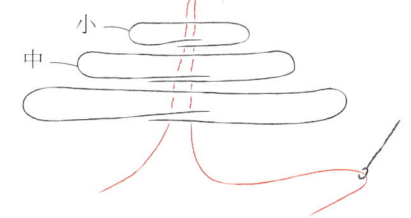

10 리본을 3장 겹치는 모티브는 가방
    외에도 다양한 여러 작품에 응용할
    수 있습니다. 더 작게 만들거나, 2
    장을 겹쳐보거나, 여러 가지 시도
    를 해보세요.

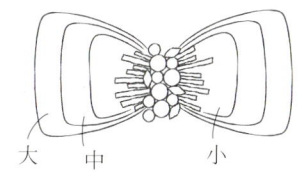

재료 판매점

오트쿠튀르 자수나 작품 제작에 사용하는
소재를 판매하는 상점을 소개합니다.

○ 비즈팩토리 도쿄점 ○

일본 최초 비즈 전문점으로 1987년 오픈. MIYUKI 비즈를 비롯
해 세계 각국 비즈와 파츠, 부자재 등 다양한 품목이 있어 갈 때
마다 새로운 상점.

주소 : 도쿄도 다이토구 아사쿠사바시 4-10-8
TEL : 03-5833-5256
Webshop : http://www.beadsfactory.co.jp

○ 에치젠야 ○

자수 원단과 자수실의 풍부함으로 정평이 나있고, 비즈 자수
애호가가 즐겨 찾아오는 창업 1865년의 전통 수예 전문점.

주소 : 도쿄도 주오구 교바시 1-1-6-1F
TEL : 03-3281-4911
Webshop : http://www.echizen-ya.net/

○ 키와제작소 키라리토 긴자점 ○

핸드메이드 액세서리 파츠 전문점. 비즈와 스팽글, 리본, 라인
스톤 등 자수를 장식하는 소재류도 충실하다. 일본 관동 지역
을 중심으로 16개 지점이 있습니다.

주소 : 도쿄도 주오구 긴자 1-8-19 키라리토 긴자 5F
TEL : 03-6264-4811
Webshop : https://www.kiwaseisakujo.jp/shop

○ okadaya 신주쿠 본점 ○

원단은 물론, 소품 제작 시 필요한 재료와 자재까지 모두 있는
대형 수예점.

주소: 도쿄도 신주쿠구 신주쿠 3-23-17
TEL : 03-3352-5411
Webshop : http://www.okadaya-shop.jp/1/

○ PARTS CLUB 본점 ○

비즈와 파츠 종류는 세계 최대급으로 약 6만 점.
일본 내 107개 지점을 운영하는 PARTS CLUB의 본점.

주소 : 도쿄도 다이토구 야나기바시 1-20-1
TEL : 03-3863-8482
Webshop : https://www.partsclub.jp/

국내 재료 판매점

오트쿠튀르 자수에 필요한 재료 및 도구 국내 판매점을 소개합니다.

○ 씨에스타윤 시퀀스 , 비즈 , 실 ○

프랑스 수입 시퀀스와 비즈 및 실 오트쿠튀르 자수 재료 판매
뤼네빌 자수 공방 운영
Webshop : https://smartstore.naver.com/luneville

○ 마피아 싱글하우스 뤼네빌 크로셰 바늘 ○

프랑스 공방에서 제작한 뤼네빌 크로셰 바늘 수입 판매
Webshop : https://smartstore.naver.com/mafiasinglehouse

○ 셀프아트 공예용 시드비즈 , 진주 ○

공예재료 쇼핑몰. 다양한 종류의 비즈 및 부자재 판매
Webshop : https://www.selfart.co.kr

Haute Couture Artist:

Lemmikko

시바타 시로와 오가와 아키코의 자수유닛 (https://lemmikko.com) . 1999년 열린 「파리 · 모드 무대 뒤(Les Coulisses de la Mode)」에 매료되어, 각각 프랑스 · 파리에 오트쿠튀르 자수 전통기법을 습득. 2004년 귀국 후, 본격적인 자수 아틀리에 Lemmikko를 설립한다. 이후 모드의 무대 뒤를 받치기 위해, 섬세하고 예술적인 테크닉을 구사한 작품을 제작한다. 클래식한 자수부터 아방가르드한 것, 때로는 크리에이티브한 것까지 폭넓은 자수를 국내외 컬렉션 브랜드와 무대의상 등 매력적인 자수를 제공하고 있다.

또 2011년부터 Lemmikko가 선택한 「사용하기 쉬운 소재, 새로운 소재, 색다른 소재」를 진열한 자수소재 매장 color bucket을 오픈. 매장 내에는 아틀리에에서도 사용하고 있는 소재들이 그대로 진열되어 있어서 평소 보기 힘든 소재와 샘플을 볼 수 있는 귀중한 공간. 매장 옆에는 본격적인 루네빌 자수 레슨도 실시하고 있으며, 아틀리에 장인이 직접 지도하고 있다.

저자로 『쿠튀르 바느질로 만든 자수백』, 『쿠튀르 바느질로 만든 블레이드』(문화출판국) 이 있다.
Instagram:@lemmikko.jp

colorbucket 매장

주소 : 도쿄도 시부야구 도미가야 2-42-6
TEL : 03-3468-5795
WEB : https://lemmikko.com/shop/
(정기 휴일 등은 공식사이트 캘린더 참조)

colorbucket web shop :

https://lemmikko.official.ec

이 책에서 소개한 폼폼 국화, 양귀비, 미모사, 목련, 안개꽃의 소재 키트를 colorbucket web shop (https://lemmikko. official.ec) 에서 판매하고 있습니다.

Haute Couture Artist:

Filosa Minami

오트쿠튀르 자수 재료 전문점 「작은 수예 가게」의 오너. 어릴 때부터 수예에 관심을 가지고, 자수의 양재, 비즈 세공, 편물(뜨개질) 등에 익숙하다. 중학생 때 오트쿠튀르의 세계를 만나고, 언젠가 그 화려한 세계에 몸담고 싶다고, 어패럴 디자이너의 길로 나아간다. 2011년에 프랑스로 건너가 염원하던 에콜 르사쥬(Ecole Lesage)에서 프로의 자수 테크닉을 배운다. 귀국 후에 상점과 교실에서 활동을 통해, 폭넓은 사람들에게 자수를 즐길 수 있도록 how to와 작품 활동에 힘을 쏟고 있다.

「작은 수예 가게」에서는, 본고장 파리로 부터 고급 스팽글(시퀸스)을 들여와, 일본에서도 본고장에 지지않는 오트쿠튀르 자수를 손쉽게 할 수 있도록 다양한 상품을 갖추고 있다.
언젠가 오트쿠튀르 자수로 「핸드메이드 시장이 좀 더 가치를 제안할 수 있기를」바라는 큰 꿈을 그리며 활동 중이다.

오트쿠튀르 자수 상점 「작은 수예 가게」
Webshop: https://petitemercerie.com/
TEL & FAX 045-642-4992 (평일 10:00~16:00)
문의 : shop@petitemercerie.com

Haute Couture Artist:

Cotoha

성인 귀여운 모드 동물 모티브 장식을 오트쿠튀르 자수로 제안하는 자수 아틀리에 "Cotoha". 주문 생산이나 이벤트 스토어 외 워크샵 개최나 오브제 제작, 디자인 등 폭넓게 활동하고 있다.

파리 오트쿠튀르 계에서 사용되고 있는 루네빌 기법에 다양한 바늘자수 테크닉을 조합하여 독자적인 세계관을 만들어 내고 있다.
소재는 주로 프랑스나 체코 등, 유럽 각지 빈티지 비즈나 진귀한 형태의 스팽글을 사용. 털실, 깃털 등 다양한 소재를 조합하여 입체적이고 개성이 돋보이는 디자인이 특징.

URL: https://cotoha.official.ec/
Instagram: @cotoha_broderie

Haute Couture Artist:

Sirène (시렌) 후루야 카요코

대학 졸업 후, 네일 살롱 경영을 거쳐 2014년부터 프랑스·파리 에콜 르사쥬에 유학, 루네빌 자수를 배운다. 아트 자수 코스를 전공하여 레벨 1~7의 디플로마를 취득. 귀국 후 2015년부터 오트쿠튀르 자수 전문 아틀리에에서 근무하고, 국내외 아티스트 라이브 의상, 무대 의상 제작. 퇴직 후 2016년부터 오트쿠튀르 자수 교실 Sirène, 2017년부터 액세서리 브랜드 Sirène를 출범시키고, 도내백화점에서 전시회를 진행한다. NY 컬렉션의 런웨이 의상, 카마쿠라 조각 niyodo design과 콜라보레이션 클러치 백을 제작.

https://www.sirene-broderie.com
E-mail : sirene@sirene-broderie.com
Instagram : @sirene_broderie

실물 도안 페이지

도안 옮기는 법

1) 도안을 복사하거나 트레이싱 페이퍼에 옮깁니다.
2) 도안(복사본이나 트레이싱 페이퍼) 위에 오간자와 같은 비치는 소재의 천을 놓고 초크펜이나 연필 등으로 직접 도안을 옮깁니다(p.14 도안 옮기는 법 참조).

※ 비치지 않는 원단을 사용할 경우, 원단(겉면)→초크 페이퍼(잉크면을 아래 쪽으로)→도안 순으로 겹쳐 연필이나 볼펜 등으로 덧그립니다.

※ 작가의 어레인지에 따라서 도안과 작품사진이 다소 다를 수 있습니다. 도안을 기본으로 자신만의 어레인지도 즐겨보세요.

Lemmikko_ 폼폼 국화

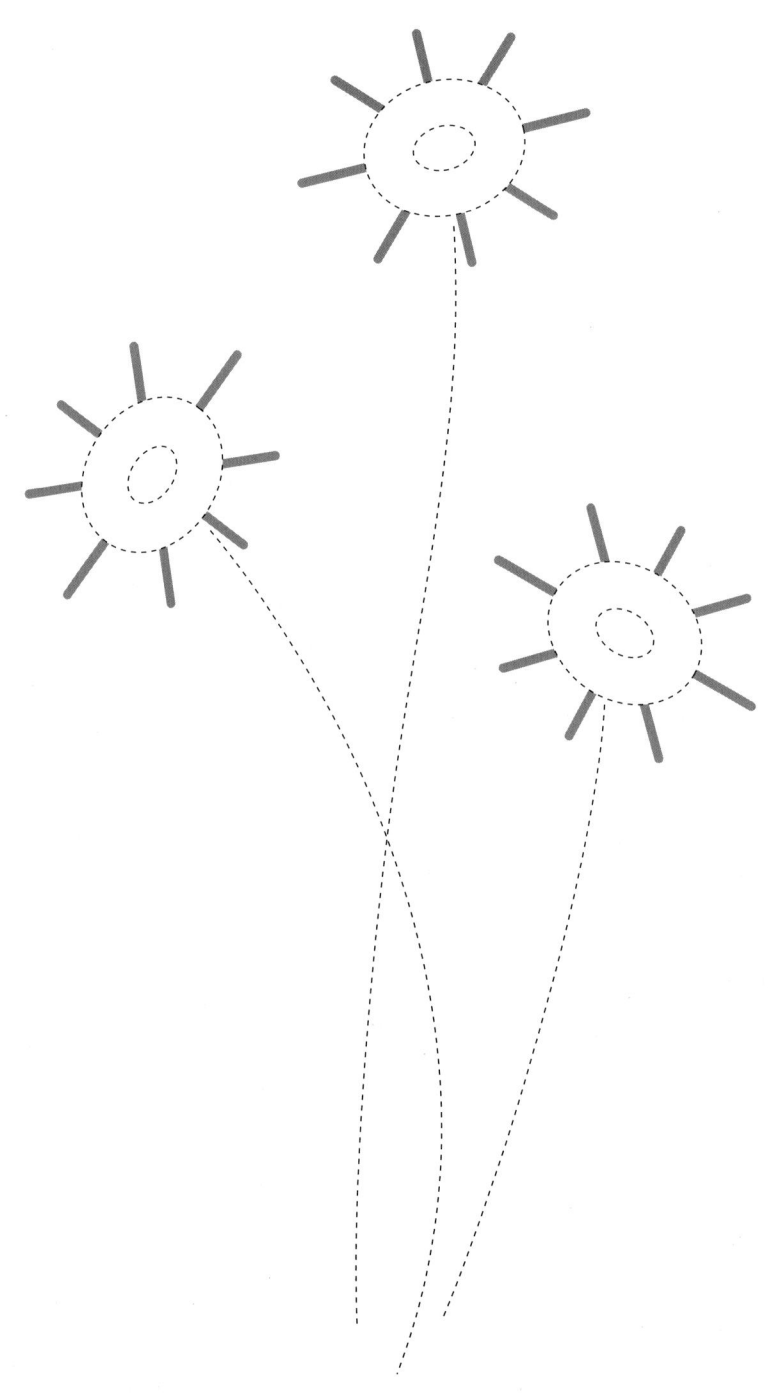

< 만드는 방법 설명 페이지 p.18 >

Lemmikko_양귀비

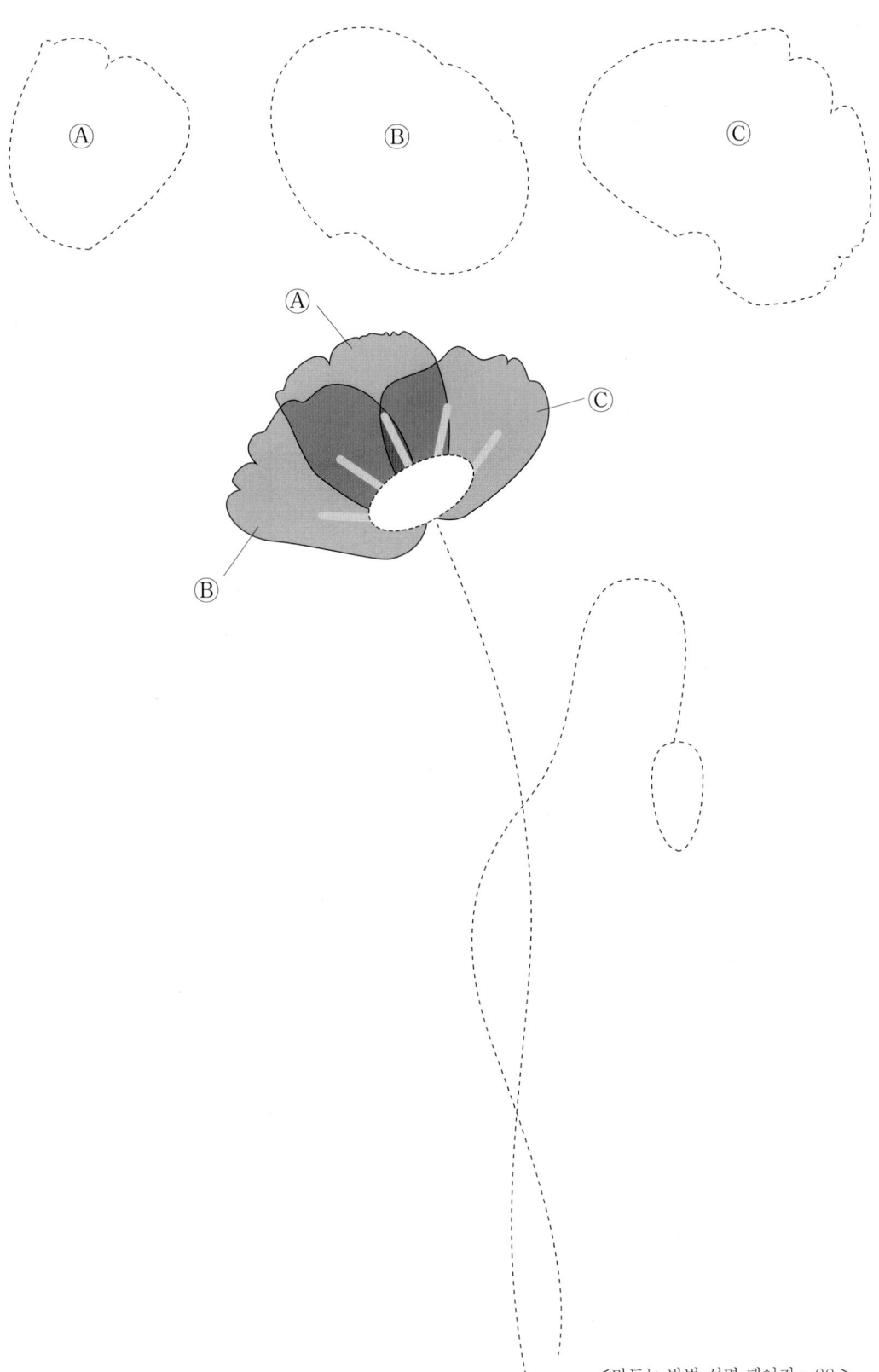

<만드는 방법 설명 페이지 p.22 >

Lemmikko_미모사

<만드는 방법 설명 페이지 p.28 >

Lemmikko_목련

〈만드는 방법 설명 페이지 p.32 〉

Lemmikko_안개꽃

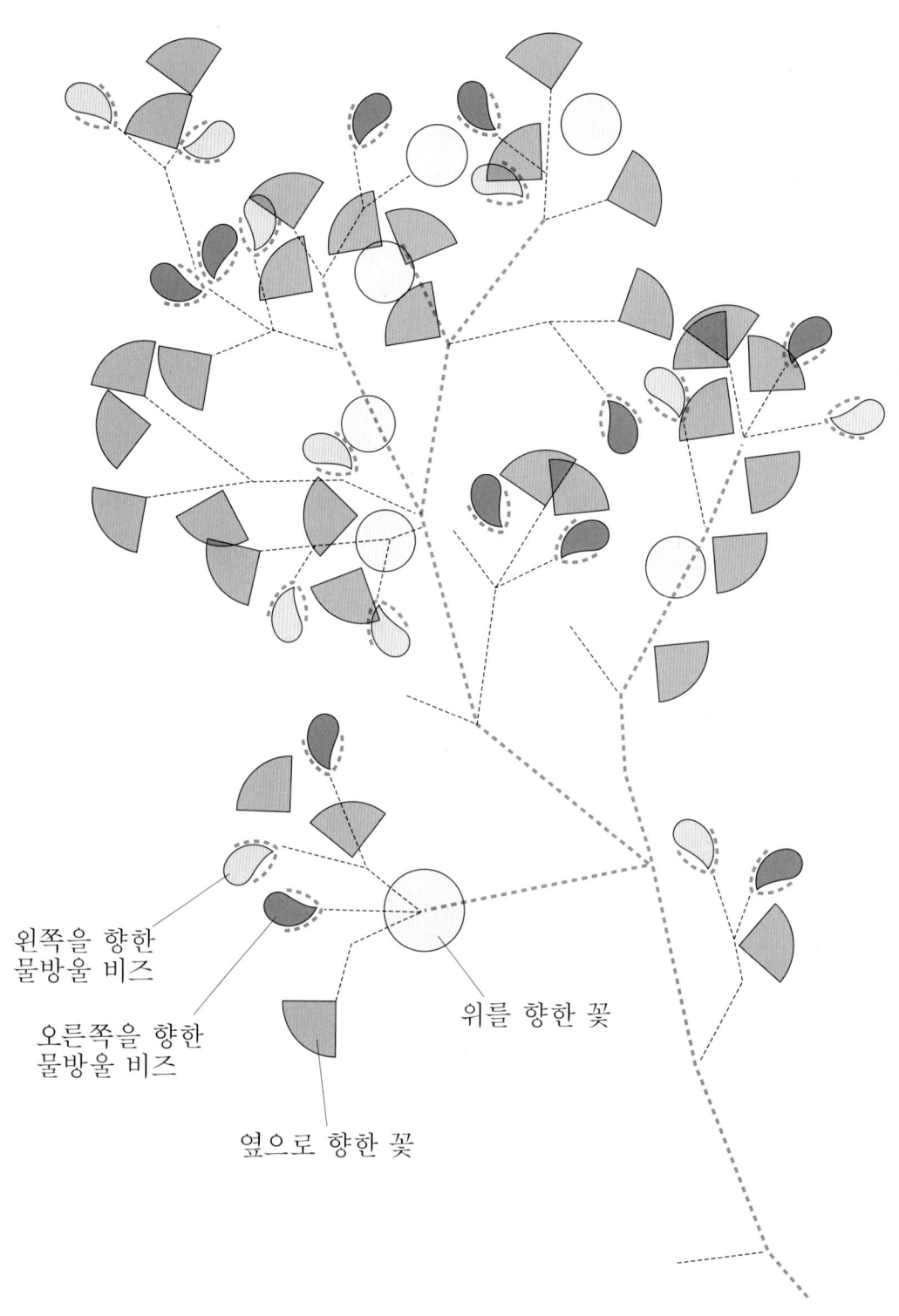

왼쪽을 향한
물방울 비즈

오른쪽을 향한
물방울 비즈

옆으로 향한 꽃

위를 향한 꽃

< 만드는 방법 설명 페이지 p.38 >

Cotoha_복슬복슬 리본 브로치

Filosa Minami_뱅글

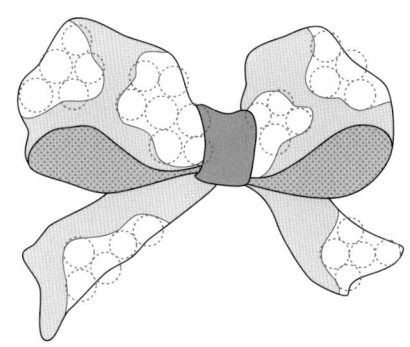

Cotoha_얼룩무늬 오벌 반지

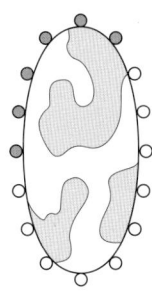

Cotoha_날개 귀걸이

 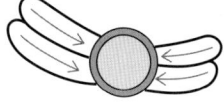

<만드는 방법 설명 페이지
복슬복슬 리본 브로치 p.58
얼룩무늬 오벌 반지 p.62
날개 귀걸이 p.66 >

<만드는 방법 설명 페이지 p.70 >

Filosa Minami_ 리본 백 참

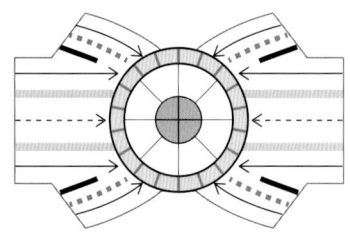

〈까토나쥬용 두꺼운 종이〉

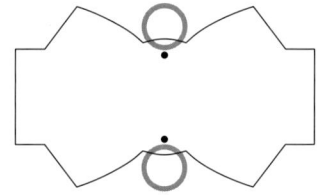

〈마무리용 합성피혁〉

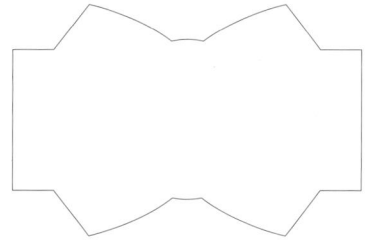

〈만드는 방법 설명 페이지 p.74 〉

Filosa Minami_ 카라 스타일 목걸이

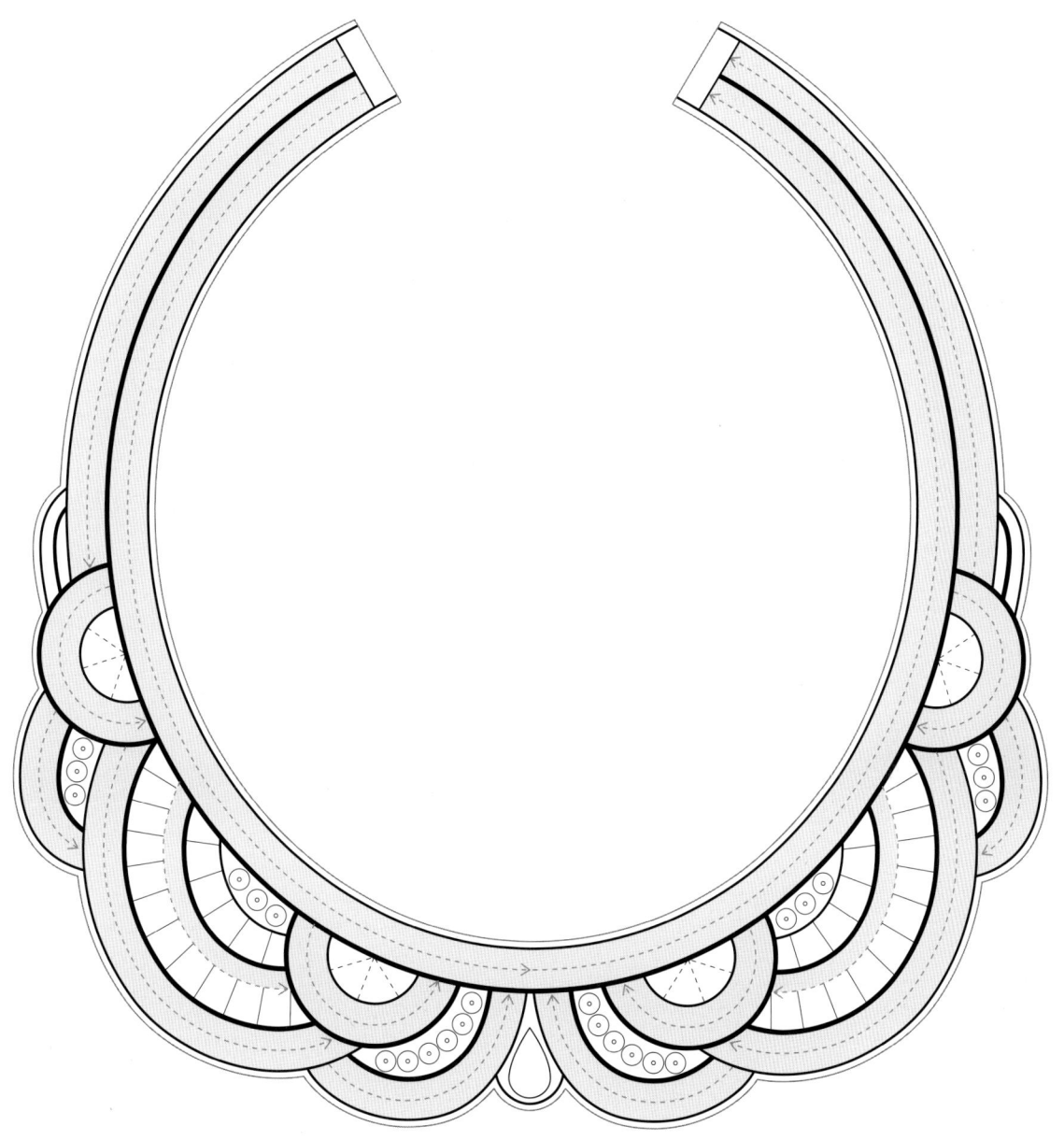

< 만드는 방법 설명 페이지 p.80 >

Filosa Minami_ 플라워 미니백

시접선
완성선

리본 부착 위치

리본 부착 위치

안감 입구 재단 위치

< 만드는 방법 설명 페이지 p.84 >

앞중심

< 만드는 방법 설명 페이지 p.90 >

Sirène_슈즈 클립

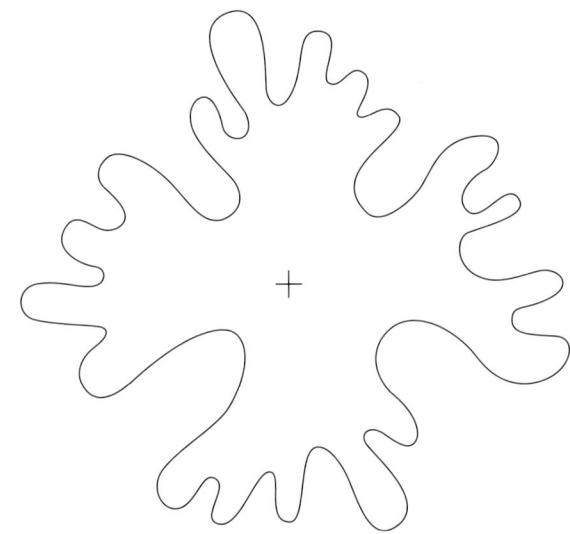

< 만드는 방법 설명 페이지 _p.94 >

Sirène_액세서리 파우치

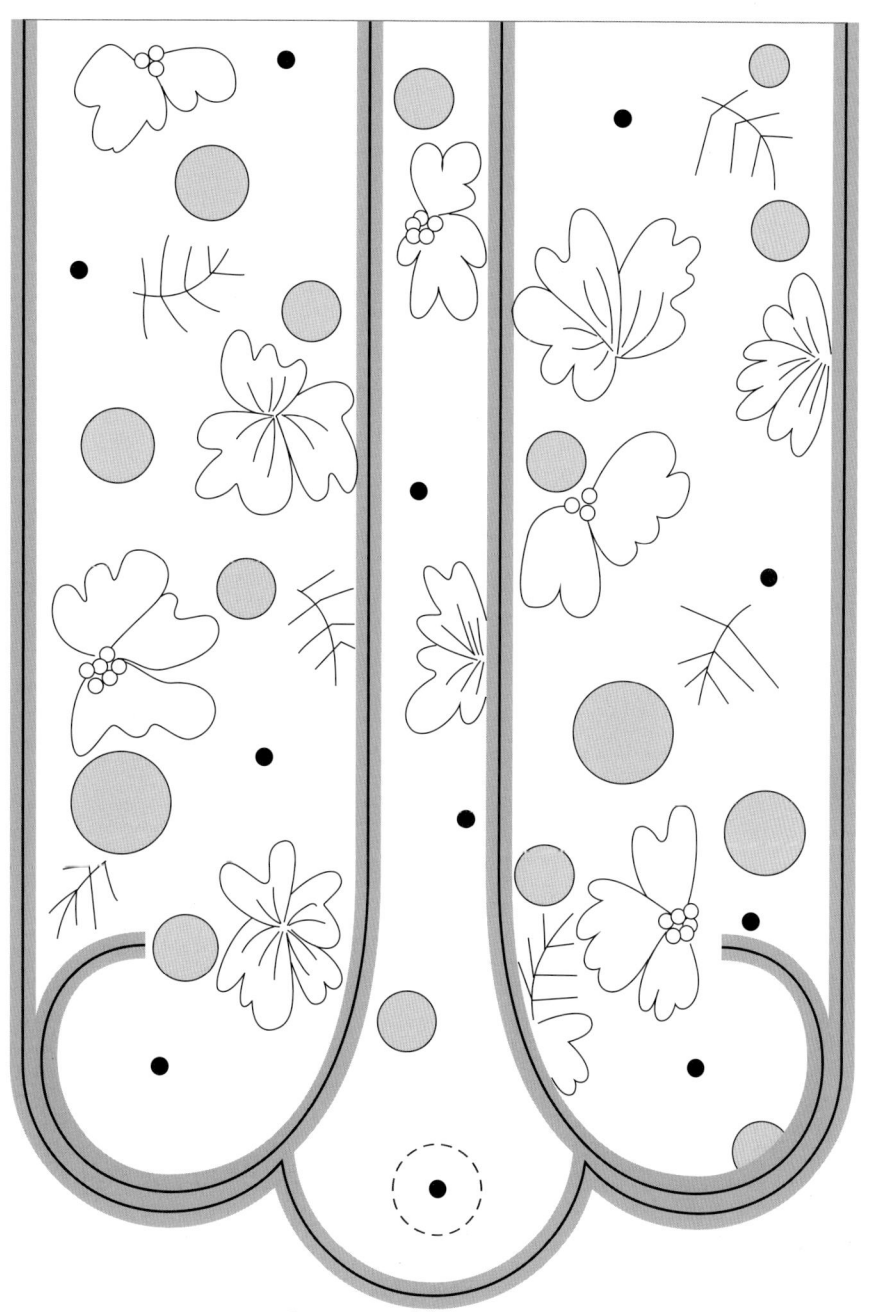

○는 자석 단추 위치 (다른 쪽 위치는 세 개를 접어서 정한다)

< 만드는 방법 설명 페이지 _p.98 >

Sirène_리본 백

< 만드는 방법 설명 페이지 _p.104 >

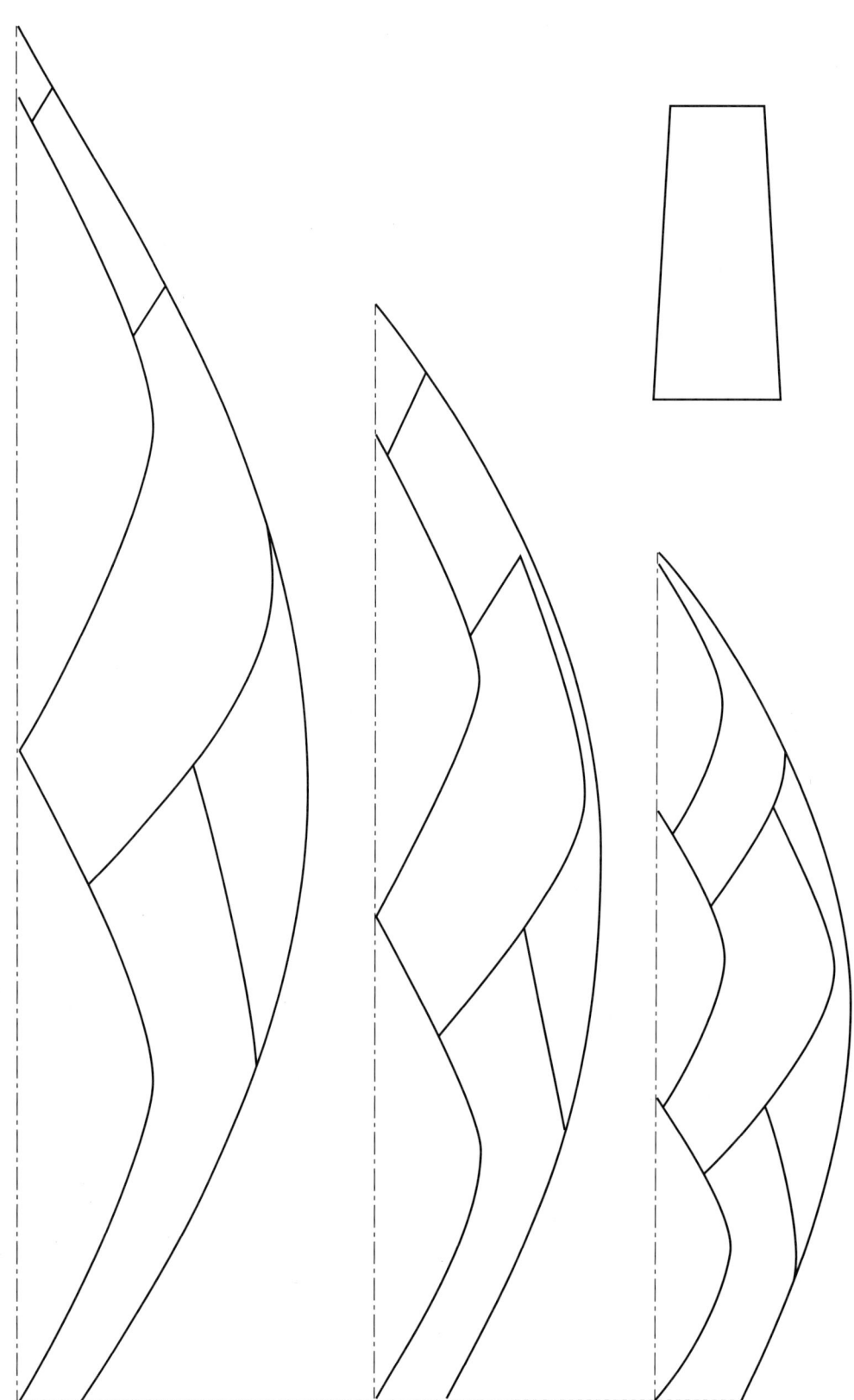

자수의 기본 스티치

【 새틴 스티치 】

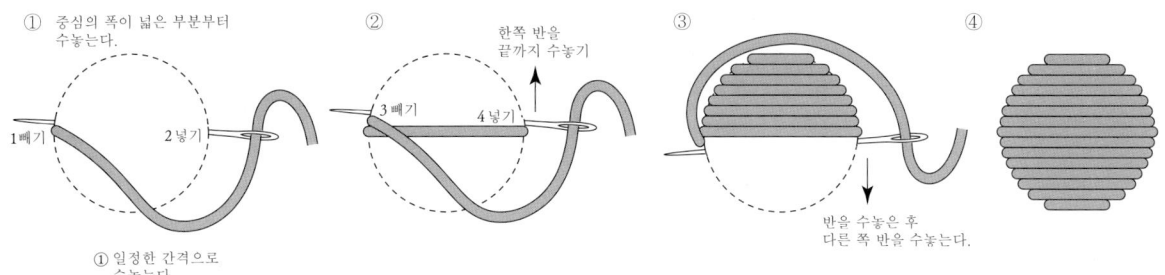

① 중심의 폭이 넓은 부분부터
　 수놓는다.

1 빼기　　　2 넣기

① 일정한 간격으로
　 수놓는다.

②　　　한쪽 반을
　　　　끝까지 수놓기

3 빼기　　4 넣기

③　　　　　　　　　④

반을 수놓은 후
다른 쪽 반을 수놓는다.

【 체인 스티치 】

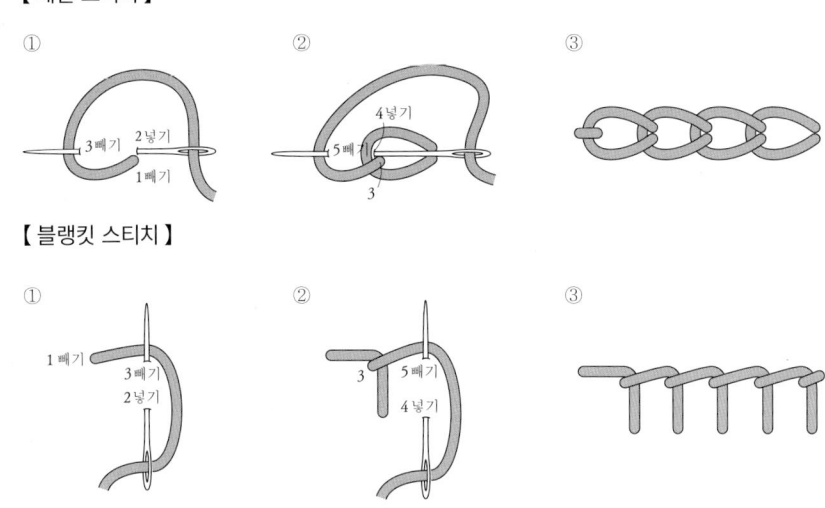

①　　　　　　　②　　　　　　　③

3 빼기　2 넣기
1 빼기

4 넣기
5 빼기
3

【 블랭킷 스티치 】

①　　　　　　②　　　　　　③

1 빼기　3 빼기
2 넣기

3　5 빼기
4 넣기

【 프렌치 노트 스티치(1회 감기) 】

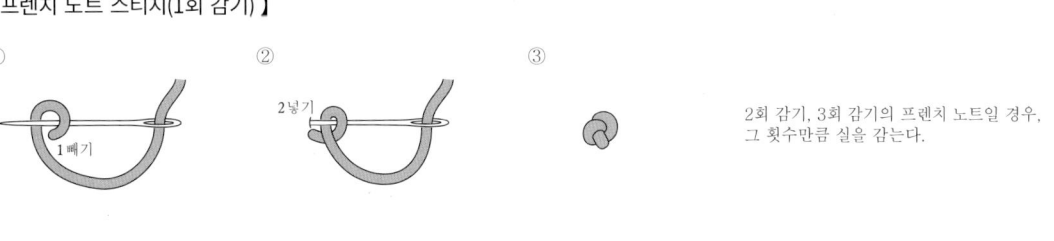

①　　　　　　②　　　　　　③

1 빼기

2 넣기

2회 감기, 3회 감기의 프렌치 노트일 경우,
그 횟수만큼 실을 감는다.

【 레이지 데이지 스티치 】

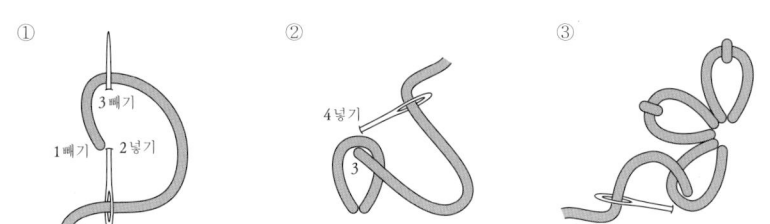

①　　　　　　②　　　　　　③

3 빼기
1 빼기　2 넣기

4 넣기
3

처음 배우는 오트쿠튀르 자수

2020년 10월 9일 초판 1쇄 발행

지은이 | 렌밋코, 필로사 미나미, 코토하, 시렌
발행인 | 신재은
옮긴이 | 배선희
감수 | 은설(실버스노우)
발행처 | 마피아싱글하우스
출판등록 | 2014년 4월 23일(제2014-000077호)
주소 | 서울특별시 동작구 동작대로35길 67 1F
전화 | (02) 579-2877
팩스 | (02) 6008-9915
홈페이지 | www.mafiasinglehouse.com
인스타그램 | @mafia_single_house
ISBN 979-11-958488-4-3 13630

이 도서의 국립중앙도서관 출판예정도서목록(CIP)은 서지정보유통지원시스템 홈페이지(http://seoji.nl.go.kr)와
국가자료종합목록 구축시스템(http://kolis-net.nl.go.kr)에서 이용하실 수 있습니다.
(CIP제어번호 : CIP2020033878)

Mafia
single house 「마피아 싱글하우스」는 꿈이 있는 사람들을 위한 수공예 전문 출판사입니다.